KB274060

세상을 바꾸는
픽토그램 이야기

철수와영희 세계시민 문해력 2

세상을 바꾸는 픽토그램 이야기

제1판 제1쇄 발행일 2026년 2월 17일

글 _ 배성호
기획 _ 책도둑(박정훈, 박정식, 김민호)
디자인 _ 이안디자인
펴낸이 _ 김은지
펴낸곳 _ 철수와영희
등록번호 _ 제319-2005-42호
주소 _ 서울시 마포구 월드컵로 65, 302호(망원동, 양경회관)
전화 _ 02) 332-0815
팩스 _ 02) 6003-1958
전자우편 _ chulsu815@hanmail.net

ISBN 979-11-7153-040-3 43300

세상을 바꾸는 픽토그램 이야기

배성호 글

철수와영희

픽토그램과 함께하는 특별한 여행에
여러분을 초대합니다

척하면 척, 눈빛만 봐도 통하는 친구처럼 말없이 마음을 전하는 그림 문자가 있습니다. 바로 픽토그램입니다. 픽토그램은 글을 몰라도 말을 하지 않아도 누구나 한눈에 의미를 알 수 있도록 만들어졌습니다. 우리 일상 속 어디에서나 만날 수 있어요. 매일 다니는 화장실, 버스 정류장, 엘리베이터, 지하철역은 물론 옷, 약병, 과자 봉지에도 빠짐없이 등장합니다.

예전에는 주로 위험을 알리거나 금지 사항을 경고하는 픽토그램이 많았지만, 지금은 훨씬 다양해졌습니다. 반려동물 관련 내용을 비롯해 지구 환경을 생각하고 모두를 위한 공간을 만들자는 새로운 생각들이 픽토그램에 담기고 있거든요. 픽토그램 메시지가 사람들의 생각을 바꾸고, 행동을 변화시키면서 좀 더 살기 좋은 세상을 만드는 출발점이 되고 있습니다.

대표적인 사례가 있습니다. 바로 '장애인 마크'입니다. 무심코 오랫동안 써 온 마크였는데, 알고 보니 잘못된 고정관념을 확산시키는 문제가 있었습니다. 이에 새로운 픽토그램을 만들었습니다. 비슷한 경우를 독일 통일 과정에서도 찾아볼 수 있습니다. 갈등을 풀고 화합으로 가는 데 신호등 픽토그램이 특별한 역할을 했거든요. 이처럼 픽토그램은 사회

속 고정관념을 비추는 거울이 되기도 하고, 때로는 갈등을 넘어 화합으로 이끄는 안내자가 되기도 합니다.

픽토그램은 우리가 함께 살아가는 세상을 더 안전하고 행복하게 만들어 가자는 약속입니다. 서로 다른 언어를 쓰는 사람들, 어린이와 청소년, 어른, 이주 노동자, 관광객, 장애인과 비장애인 모두가 픽토그램을 통해 소통하면서 서로를 이해하고 존중할 수 있어요.

이 책은 세상을 새롭게 만드는 픽토그램 세상으로 여러분을 안내합니다. 다양한 색과 모양에 담긴 원리와 의미는 물론, 변화하는 세계의 모습을 살펴볼 수 있습니다.

픽토그램은 학교 정문 옆 담벼락, 도서관, 공원, 대중교통 등 우리 일상 곳곳에서 만날 수 있습니다. 이 책을 읽고 나면 익숙했던 픽토그램이 새롭게 보이고, 작고 단순해 보였던 기호 안에서 깊은 의미를 발견할 수 있을 거예요.

이 책을 벗 삼아 유쾌한 사회적 상상력을 키워 나가면 좋겠습니다. 그럼, 책장을 펼치며 픽토그램과 함께하는 특별한 여행을 떠나 볼까요?

배성호 드림

1

일상에서 만나는 픽토그램

1.
비상구 표시는 언제 만들어졌나요?

영화관이나 공연장 등에서 시작 전에 나오는 것이 있습니다. 바로 비상 상황 발생 시 대피하는 길과 대처 요령 안내입니다. 사람들이 많은 공간에서 화재 등이 일어나면 우왕좌왕하다가 큰 사고로 이어질 수도 있습니다. 실제로 1972년 일본 오사카에 있는 센니치 백화점에서 발생한 화재로 118명이 사망하고, 78명이 다치는 대형 참사가 일어났습니다. 도심 한복판에 있는 백화점이라 많은 사람이 있었고 대피가 제대로 되지 않았기 때문입니다.

원인을 조사하다가 새로운 사실을 알게 되었습니다. 화재로 불이 꺼진 상황에서 비상구 표시를 발견하지 못한 사람들이 대피 방향을 찾지 못했고 그 과정에서 연기에 의한 질식 등으로 사망자가 급증했습니다. 당시 일본에서는 비상구 표시가 한자로 되어 있었습니다. 그런데 겁에 질리고 당황한 상황에서는 글자가 눈에 잘 들어오지 않을뿐더러 이마저도 어두워서 잘 보이지 않았던 것입니다.

영화관 건물에 있는 비상구 안내 표시.

　이런 일을 되풀이하지 않으려면 누구나 직관적으로 알아보게 해야 했습니다. 그래서 만든 것이 바로 오늘날 우리가 알고 있는 비상구 표시입니다. 이런 그림을 픽토그램이라고 하는데요. 글자 대신에 안정적인 느낌을 주는 초록색과 한눈에 이해할 수 있는 단순화한 그림으로 비상 상황에서 사람들이 안전하게 대피할 수 있게 한 것입니다. 특히, 화재나 지진 등으로 전기가 갑자기 끊어져도 내부에서 전력이 공급되어 어두운 곳에서도 쉽게 찾을 수 있게 만들었답니다.

그런데 왜 하필 녹색일까요? 대개 비상 상황을 표시할 때는 빨간색을 많이 사용하는데, 일부 국가를 제외하고 비상구는 대부분 녹색입니다. 이는 우리 눈의 특성을 고려한 것입니다. 평상시는 빨간색이 눈에 잘 띄지만, 어두울 때는 녹색이 가장 잘 보입니다.

비상구 픽토그램은 단순히 그림이 아니라 생명을 구하는 표시입니다. 뛰어가는 사람 모습은 신속하게 대피해야 함을 알리고, 초록색 배경은 안전을 뜻합니다. 요즘은 여기에 행동 유도 디자인을 더해 메시지를 더욱 명확하게 합니다. 비상구임을 알리는 데 그치지 않고 계단을 통해 나가는 행동을 그림으로 표현하는 것입니다. 실제 영화관에 설치된 비상구 안내를 보면 알 수 있습니다. 이제부터 영화관이나 경기장, 공연장처럼 사람들이 많이 모이는 공공장소에 갈 때는 비상구 표지를 한 번씩 살펴봐 주세요. 작은 관심이 큰 사고를 예방할 수 있을 거예요.

2.
색깔과 모양마다 뜻이 있다고요?

픽토그램을 자세히 본 적이 있나요? 픽토그램 중에는 네모, 세모, 동그라미 등의 형태로 되어 있는 것이 있고, 색깔도 파랑, 노랑, 빨강 등 다양하답니다. 그런데 각각의 모양과 색깔에 따라 숨겨진 뜻이 있어요. 과연 픽토그램 색깔과 모양에는 어떤 비밀이 있을까요?

우선 빨간 사각형은 긴급 및 비상 위험 상황을 나타냅니다. 예를 들어, 소화기 픽토그램은 빨간 사각형 안에 소화기 그림이 그려져 있어, 화재 발생 시 사용할 수 있는 소화기의 위치를 알려 줍니다. 이 픽토그램은 긴급 상황에서 빠르게 소화기를 찾을 수 있도록 도와줍니다. 또 다른 예로, 화재 경보 픽토그램도 빨간 사각형 안에 벨 모양이 그려져 있어, 화재 발생 시 경보를 울릴 수 있는 위치를 알려 줍니다. 이처럼 빨간 사각형 픽토그램은 긴급 상황에서 신속하게 대처할 수 있도록 중요한 정보를 제공합니다.

노란색 삼각형은 경고 및 주의를 의미합니다. 그 안에 느낌

소방
긴급
고도 위험

주의
경고

지시

안전
피난
위생
구호

금지

소화기

일반 경고 표지

손잡이 사용

비상구(왼쪽)

통행 금지

표가 있으면 이것은 경고 표시예요. 미끄러운 바닥 경고 픽토그램은 노란색 삼각형 안에 미끄러지는 사람의 그림을 넣었어요. 미끄럼 사고에 주의가 필요한 상황임을 알려 줍니다. 또 다른 예로, 인화 물질 경고나 머리 위를 조심하라는 주의와 경고 표시가 있습니다. 이처럼 노란색 삼각형은 위험을 미리 경고하여 사고를 예방하는 데 쓰입니다.

파란색 원형은 지시 및 안내를 할 때 사용됩니다. 에스컬레이터를 이용할 때 손잡이를 잡거나 일터에서 보안경이나 안전모 착용이 필요하다는 것을 알려 줍니다. 파란색 원형 픽토그램은 안전한 노동 환경을 만들어 가는 데 중요한 역할을 합니다.

초록색 사각형은 안전이나 구호를 나타냅니다. 비상구 픽토그램은 초록색 사각형 안에 문 밖으로 나가려는 사람을 그려 넣어서 비상시 대피할 수 있는 경로를 알려 줍니다. 이 픽토그램은 긴급 상황에서 안전하게 대피할 수 있도록 안내합니다. 비상 대피소는 초록색 네모 안 화살표 방향에 사람들이 있는 모양으로 구성되어 있습니다. 초록색 사각형 픽토그램은 직관적으로 안전한 대피와 구호 활동을 보여 준답니다.

빨간 원형에 사선을 긋는 것은 금지 및 제한을 의미합니다. 통행이나 음식물 반입이 안 된다는 점을 한눈에 알게 해 줍니다. 반려동물 동반 금지도 마찬가지입니다. 이처럼 빨간 원형에 사선을 그은 픽토그램은 특정 구역에서의 금지 사항을 명확히 전달하여 규칙을 지키도록 안내해 줍니다.

언뜻 비슷해 보이는 픽토그램도 자세히 보면 나름의 색깔과 도형이 있어요. 이를 통해 제시하고자 하는 뜻을 전달한답니다. 일상 속 건물이나 대중교통 시설에서 여러분이 마주하는 픽토그램은 어떤 모양과 색깔로 되어 있는지 직접 확인해 보세요. 신기한 것이 많이 보일 거예요.

3.

보행자 안전을 지키는 표지판은 무엇이 있나요?

도로 위에는 비슷해 보이지만 의미는 전혀 다른 표지판이 있습니다. 예를 들어, 사람이 횡단보도를 건너는 모습이 그려진 두 가지 픽토그램입니다. 하나는 노란 바탕과 빨간 테두리에 검은색 사람, 다른 하나는 파란 바탕에 흰색 사람 그림이 있는 표지입니다. 둘은 겉보기엔 비슷하지만, 담고 있는 내용은 다릅니다.

노란색과 빨간색이 함께 있는 표지판은 운전자에게 '경고'를 전하는 픽토그램입니다. "이 앞 횡단보도에서 보행자가 길을 건널 수 있으니 조심하세요"라고 경고하는 반면, 파란 바탕의 픽토그램은 보행자에게 "여기는 횡단보도입니다. 이 길을 안전하게 건너세요"라고 안내합니다. 이렇게 픽토그램의 색상과 형태는 그 안에 담긴 뜻의 차이를 반영합니다.

우리가 도로에서 마주하는 픽토그램은 모두 이런 식으로 체계화되어 있습니다. 노란 바탕과 빨간 테두리에 검은색 기호가 들어간 지시 표지판은 대체로 주의를 요하는 상황, 즉 도로의 위험 요소나 주변 환경에 대한 경고를 담고 있습니다. 파란 바탕에 흰색 기호가 들어간 지시 표지판은 진행 방향, 보행 가능 여부, 통행 방법 등을 안내합니다.

낙석 위험 도로 표지판.

보행자 전용 도로 표지판.

이러한 픽토그램은 운전자뿐 아니라 보행자에게도 도로에서의 안전 행동을 유도하는 중요한 '시각 언어'입니다. 그런데 최근에는 도로 위 픽토그램이 조금 더 흥미로운 방향으로 확장되고 있습니다. 단순히 길을 안내하고 위험을 경고하는 기능을 넘어, 이제는 길의 주인이 누구인지 생각해 보게 합니다.

대표적인 사례가 유럽의 '보행자 우선 도로' 픽토그램입니다. 영국의 '홈 존(Home Zone)'과 그 바탕이 된 네덜란드의 '보네르프(Woonerf)'에서는 보행자가 주인입니다. 픽토그램은 이러한 사실을 잘 알려 줘요. 보네르프는 네덜란드어로 '생활의 마당'이라는 뜻입니다. 놀라운 점은 이것이 정부가 시작한 정책이 아니라, 주민들이 자발적으로 만들어 낸 실천 사례라는 점입니다.

동네 골목길에서 교통사고가 늘어나자, 주민들이 도로에 화분을 놓아 차량이 빠르게 달릴 수 없게 한 것이 출발점이었습니다. 이 운동은 점차 제도화되었고, 정부는 이 구역을 '사람 중심 공간'으로 정하고 픽토그램을 통해 이를 알리게 된 것입니다.

보네르프 표지판.

홈 존 표지판.

보네르프 표지판은 매우 인상적입니다. 집, 자동차, 사람, 그리고 공을 차는 아이까지 그려져 있거든요. 이 픽토그램 하나로 이 공간이 누구의 것인지, 어떤 질서가 지켜져야 하는지를 잘 보여 줍니다. 실제로 보네르프 구역에서 사고가 나면 모든 책임은 차량 운전자가 집니다. 차량은 손님이고, 사람이 주인인 셈입니다. 이 개념은 영국 홈 존을 비롯해 유럽 여러 나라로 퍼졌습니다.

보행자 우선 도로 표지판.

　최근 우리나라에서도 비슷한 제도들이 시행되고 있습니다. 바로 '보행자 우선 도로'입니다. 이는 도로 교통법에 의해 보행자 우선권이 확보된 공간으로, 보행자는 차를 피해 다닐 필요가 없고 도로 어디든 자유롭게 걸어 다닐 수 있습니다. 반대로 운전자는 보행자가 있을 때 의무적으로 안전거리를 유지하고, 속도를 줄이거나 일시 정지해야 합니다.

　우리나라에는 이미 스쿨 존, 실버 존 같은 보호 구역이 있지만, '보행자 우선 도로'는 일상적인 공간인 골목 등지에서 보행권을 지켜 주는 개념입니다. 차도와 인도의 구분이 모호한 '보차혼용 도로'에서는 특히 사고 위험이 크므로, 이런 제도와 픽토그램의 정비는 필수적입니다. 도로 위 픽토그램은 더 이상 단순한 교통 안내 표시가 아닙니다. 그것은 사람 중심의 도시를 설계하고, 안전과 공존을 만들자는 사회적 약속입니다. 길 위의 픽토그램 표시 하나가, 우리가 어떤 도시를 꿈꾸고 있는지를 말해 주는 셈이에요.

4.
캥거루가 등장하는 픽토그램이 있다고요?

픽토그램은 그림을 통해 정보를 전달하기에 언어의 장벽을 넘어 누구나 쉽게 이해할 수 있다는 장점이 있습니다. 그런데 여기에는 다양한 자연환경과 문화 그리고 시대 변화가 고스란히 담겨 있답니다. 세계 여러 나라에서 마주하는 특색 있는 픽토그램을 알아볼까요?

캥거루 위험 표지판.

캥거루가 등장하는 픽토그램은 어떤 의미일까요? 이것은 오스트레일리아를 대표하는 동물인 캥거루가 위험할 수 있다는 것을 알리는 경고 표시예요. 캥거루가 많이 사는 나라이다 보니 지역에 따라, 특히 야간 운전 시 접촉 사고가 날 수 있어요. 몸무게가 90킬로그램 이상 나가는 경우도 있고, 몸길이도 2미터에 달할 정도로 커서 충돌 시 아주 위험합니다. 캥거루와 운전자를 보호하기 위해 오스트레일리아 도심 바깥 도로에는 이런 표시를 설치했습니다.

떨어지는 소가 그려진 신기한 픽토그램도 있습니다. 미국은 소들을 넓은 목초지와 산악 지대에서 방목하는데, 이때 자유롭게 풀을 뜯으며 다니던 소가 실수로 언덕 등에서 떨어질 때가 있거든요. 이런 돌발 위험 상황이 있기에, 운전자들에게 경고하기 위해 이런 픽토그램을 만들었다고 합니다.

추락하는 소 경고 표지판.

또 하나 흥미로운 사례는 남아프리카공화국의 '악어 주의' 표시입니다. 주로 강이나 호수 주변에 설치된 이 픽토그램은 해

악어 경고 표지판.

당 지역이 악어 서식지이니 조심하라고 안내합니다. 남아프리카공화국은 야생 동물과 인간이 공존하는 나라입니다. 그만큼 자연환경이 아름답지만 위험하기도 해요. 악어와 마주치면 사람 생명이 위험할 수 있기에 이런 픽토그램을 설치한 거예요. 이는 단순한 안내를 넘어 자연과 인간의 공존 방식을 다시 한 번 생각하게 합니다.

픽토그램은 단지 자연환경이나 지형적 특성만 반영하지 않습니다. 현대 사회에서 우리가 마주하는 새로운 문제들 역시 픽토그램의 주제가 됩니다. 예를 들어, 스웨덴에서는 스마트폰을 보면서 길을 걷는 이른바 '스몸비(스마트폰+좀비)' 현상이 사회적 문제가 되자, 이를 경고하는 픽토그램을 만들었습니다. 스마트폰 화면에 집중한 채 보행하는 사람의 모습을 상징적으로 표현한 이 픽토그램은 단순히 정보 전달을 넘어서 디지털 시대에 필요한 안전 문화의 필요성을 보여 줍니다.

보행 중 스마트폰 주의 표지판.

이처럼 픽토그램은 시대에 따라 그 의미와 형태가 달라지며 끊임없이 진화하고 있습니다. 예전에는 자연이나 교통과 관련된 주제가 주를 이뤘다면, 이제는 기후 위기, 디지털 과의존, 새로운 교통수단 등장처럼 시대를 반영하는 새로운 문제들이 픽토그램의 주요 소재가 되고 있습니다.

최근에는 미세 먼지나 폭염, 전동 킥보드 이용과 같은 도시 안전 문제와 관련해 새로운 픽토그램들이 만들어지고 있습니다. 전동 킥보드의 보행자 충돌이나 수질 오염을 경고하는 등 오늘날 우리 사회가 직면한 새로운 일상적 위험을 다룹니다.

　픽토그램은 그 자체로 하나의 언어이며, 우리 사회의 문제와 필요를 시각화한 상징입니다. 문제를 해결하려면 단지 눈에 잘 띄는 그림을 만드는 데서 그쳐서는 안 됩니다. 픽토그램에 어떤 메시지를 담아야 사람들의 행동과 인식이 달라질지 생각해 볼 필요가 있습니다. 지금 우리에게 필요한 픽토그램은 무엇일까요? 이것은 단순히 디자인의 문제가 아니라, 우리 시대가 요구하는 사회적 상상력의 문제일지도 모릅니다.

5.
고대인이 암각화를 새긴 이유는 무엇인가요?

기적처럼 다가온 특별한 유산이 있습니다. 바로 울산 울주 대곡리 반구대 암각화입니다. 돌에 새긴 그림들은 1971년 12월 25일, 처음으로 세상에 그 모습을 드러냅니다. 수천 년의 세월을 거슬러 온 이 바위 그림은 마치 선사 시대 사람들이 우리에게 보낸 크리스마스 선물 같습니다. 거대한 바위벽에 새겨진 수

울산 울주 대곡리 반구대 암각화의 동물 모습.

십 개의 그림은 마치 타임캡슐처럼, 그 시대 사람들의 삶과 자연환경을 생생하게 보여 줍니다.

반구대 암각화를 찬찬히 뜯어보면 픽토그램과 비슷합니다. 고래와 사슴, 멧돼지, 거북 등 다양한 동물들이 간략하면서도 상징적으로 묘사되어 있고, 인간의 모습 또한 놀라울 만큼 간결하게 표현되어 있습니다. 단순한 그림이 아닌, 정보를 전하고 의사를 표현하는 상징적 기호의 역할을 합니다. 그런 의미에서 반구대 암각화는 현대의 픽토그램과 견주어도 손색이 없어요.

'암각화'는 바위에 새긴 그림이라는 뜻입니다. 그렇다면 왜 선사 시대 사람들은 어렵게 바위에 그림들을 새겼을까요? 학자들은 사냥을 위한 공동 학습 용도로 그렸거나, 풍요롭게 지내고 싶은 바람을 담고자 했으리라고 추측한답니다. 이 그림들이 단지 예술 차원에 머물지 않고, 당시 사람들의 삶과 소망, 생존을 위한 전략이 담긴 실용적 기록이었다는 주장입니다. 놀라운 것은, 이 수천 년 전 이미지들이 지금도 충분히 읽히고, 해석되고, 감동을 준다는 점입니다. 픽토그램의 핵심인 보편성과 직관성이 구현된 것입니다.

암각화는 문자가 만들어지기 이전, 인류가 시각을 통해 서로 소통하고, 기억하고, 전승하기 위한 방법이었습니다. 우리가 오늘날 사용하는 픽토그램도 마찬가지입니다. 그런 의미에서 암각화는 픽토그램의 첫 출발점으로 인류 최초의 시각 언어라고 할 수 있습니다.

오늘날 우리는 사회관계망 서비스(SNS) 등을 통해 다양한 이모티콘과 영상 등 디지털 언어를 공유합니다. 이들은 훗날 우리 시대의 '암각화'로 남게 될 수도 있습니다. 아마도 미래인들은 우리가 반구대 암각화를 대하듯 신기한 눈으로 사회관계망 서비스 언어를 보며 이런저런 추측을 할지도 몰라요. 여러분이 만일 타임캡슐을 만든다면 지금 이 시대의 언어와 표현 중 어떤 것을 남기고 싶은가요?

6.

옷에 숨겨진 픽토그램이 있다고요?

우리는 생활하면서 무수히 많은 픽토그램과 마주합니다. 이들은 비상구나 화장실 알림, 계단 조심 등 안전 같은 일상적인 정보를 알려 줍니다. 이 중에는 매우 중요한 정보도 있어요. 평소 지나치기 쉽지만 우리 삶과 밀접한 픽토그램에는 무엇이 있을까요?

대표적인 것이 바로 우리가 입은 옷 안쪽 라벨에 그려진 픽토그램입니다. 작은 천 조각 위에 인쇄된 이 기호들은 사실 전 세계 80억 인구 누구나 매일 마주하는 글로벌 픽토그램입니다. 여기에는 옷을 잘 보관하고 세탁하기 위한 정보가 담겨 있습니다.

옷은 소재별로 세탁 방법이 다르고 또 다림질할 때와 보관할 때 차이가 있어요. 픽토그램은 이를 알려 주는 것이기에 무시하면 아주 곤란한 상황이 벌어질 수 있습니다. 단 한 번의 세탁만으로 옷이 줄어들거나 뒤틀리고, 다림질 한 번에 자국이 생깁니다. 그래서 이런 픽토그램은 '옷의 생존 지침서'라고 할 수 있어요. 그럼 옷 속에 숨겨진 픽토그램이 전하는 정보들을 함께 알아볼까요.

	물세탁 가능	이 픽토그램이 있는 옷은 세탁기나 손으로 물세탁이 가능하다는 의미입니다.
	손세탁만 가능	이 픽토그램이 있는 옷은 손세탁만 가능하다는 의미입니다.
	물세탁 금지	물통에 X 표시가 있는 그림으로, 이 픽토그램이 있는 옷은 물세탁이 불가능하다는 의미입니다.
	표백 가능	이 픽토그램이 있는 옷은 표백이 가능하다는 의미입니다.
	표백 금지	삼각형에 X 표시가 있는 그림으로, 이 픽토그램이 있는 옷은 표백이 불가능하다는 의미입니다.
	다림질 가능	다리미가 그려졌으며, 이 픽토그램이 있는 옷은 다림질이 가능하다는 의미입니다.
	다림질 금지	다리미에 X 표시가 있는 그림으로, 이 픽토그램이 있는 옷은 다림질이 불가능하다는 의미입니다.
	드라이클리닝 가능	이 픽토그램이 있는 옷은 드라이클리닝이 가능하다는 의미입니다.
	드라이클리닝 금지	원에 X 표시가 있는 그림으로, 이 픽토그램이 있는 옷은 드라이클리닝이 불가능하다는 의미입니다.
	건조기 사용 가능	사각형 안에 원이 그려진 그림으로, 이 픽토그램이 있는 옷은 건조기 사용이 가능하다는 의미입니다.
	건조기 사용 금지	사각형 안 원에 X 표시가 있는 그림으로, 이 픽토그램이 있는 옷은 건조기 사용이 불가능하다는 의미입니다.

이상의 픽토그램들은 세탁, 다림질, 건조 등과 관련하여 올바른 관리법을 그림으로 알려 줍니다. 이 픽토그램들을 살펴보고 여러분 옷에는 어떤 안내 표시가 있는지 찾아보세요.

7.

종량제 봉투가 새롭게 바뀌고 있다고요?

생활 곳곳에서 픽토그램이 널리 사용되고 있으며 그 수는 계속 늘어나고 있어요. 우리가 매일 사용하는 종량제 봉투에도 픽토그램이 사용되면서 큰 호응을 얻고 있습니다. 종량제 봉투를 사용할 때 어떤 쓰레기를 담을 수 있고, 어떤 것은 넣으면 안 되는지 헷갈릴 때가 많습니다. 유리, 과일 껍질, 닭 뼈 등은 어떻게 처리해야 할까요? 바로 이 순간 픽토그램이 문제 해결의 실마리를 건네 줍니다.

2024년, 천안시는 종량제 봉투 디자인을 전면 개편했습니다. 이전까지는 글자 중심이었는데, 이제는 글의 양을 대폭 줄이고 누구나 직관적으로 이해할 수 있도록 픽토그램을 활용하고 있어요. 그러면서 말 그대로, 읽지 않아도 이해가 되는 쓰레기 안내서가 되었답니다.

일반용 종량제 봉투에는 배출 금지 품목인 플라스틱류, 캔, 음식물 쓰레기, 건전지, 도자기류, 재활용품 등의 픽토그램이 그려져 있습니다. 반면, 음식물 쓰레기 전용 봉투에는 견과류

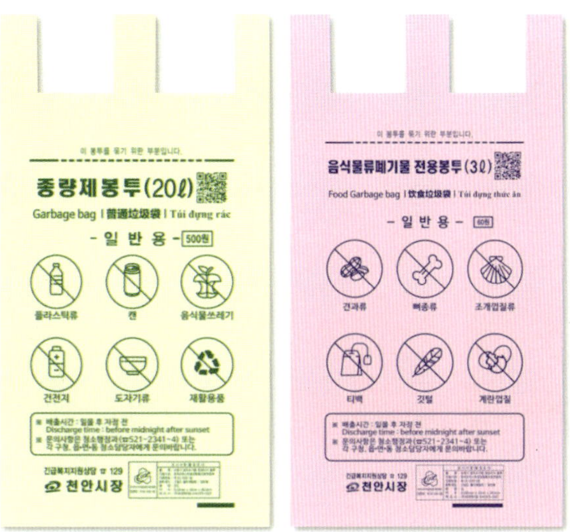

새롭게 바뀐 천안시 종량제 봉투.

껍질, 뼈 종류, 조개껍데기, 티백, 깃털, 달걀 껍데기 등 분리배출이 필요한 품목들을 픽토그램으로 안내합니다.

이러한 변화는 단순한 디자인 개편이 아닙니다. 글자를 읽지 않아도 누구나 이해할 수 있도록 돕는, 생활 속 '언어 평등'의 실현이기도 합니다. 실제로 천안시는 외국인 주민들을 위해 영어, 중국어, 베트남어 3개 국어로 배출 시간 정보를 함께 표기하고, 생활 폐기물 안내 큐알(QR) 코드도 삽입해 더 많은 사람이 쉽게 접근할 수 있도록 하고 있습니다.

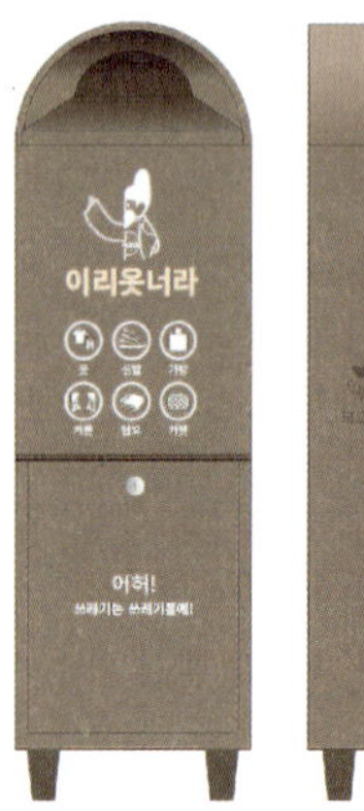
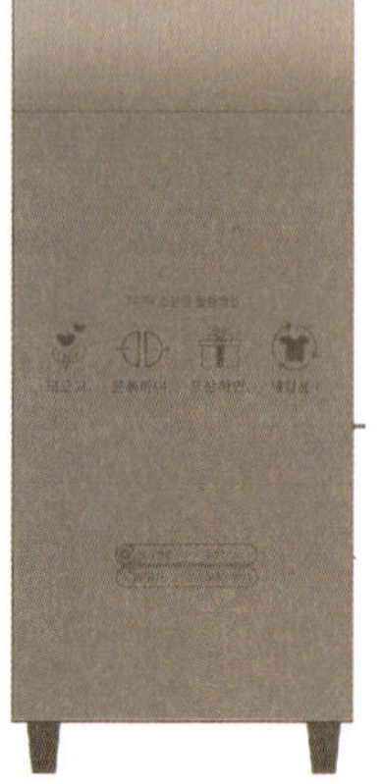

수원시의 '이리 옷너라' 의류 수거함.

이처럼 종량제 봉투에 적용된 픽토그램은 지속 가능한 생활 문화를 실현하는 도구입니다. 단순히 예쁘게 디자인된 아이콘이 아니라, 분리배출을 돕는 생활의 길잡이인 셈입니다. 그래서 천안시뿐만 아니라 여러 지방 자치 단체에서도 픽토그램을 활용하고 있습니다.

최근에는 종량제 봉투뿐 아니라 의류 수거함에도 픽토그램이 도입되기 시작했습니다. 수원시의 '이리 옷너라'가 대표적입니다. 옷뿐만 아니라 신발, 가방, 커튼 등 버릴 수 있는 품목을 픽토그램으로 시각화해 큰 호응을 얻고 있습니다.

한눈에 들어오는 정보, 그리고 누구나 쉽게 이해할 수 있는 안내 방식, 이것이 바로 픽토그램이 가진 소통의 힘입니다. 이제 픽토그램은 공공 안전, 교통, 스포츠 분야를 넘어 일상 속 환경 실천의 언어로 자리를 잡아 가고 있습니다. 또한 생활 곳곳에서 정보 접근성, 환경 교육, 공공 디자인 측면에서 그 쓰임이 넓어지고 있습니다. 쓰레기를 버리기 전, 잠시 봉투를 들여다보세요. 봉투에 있는 픽토그램을 통해 우리가 함께 지켜야 할 생활 속 약속과 실천을 함께 생각해 보면 어떨까요?

2

생명과 안전을 지켜요

1.

화학 물질의 위험성을 경고하는 표시가 있다고요?

불꽃, 느낌표, 사람 가슴에서 퍼져 나오는 빛 모양, 마른 나무와 물고기처럼 보이는 그림들이 있습니다. 화학 물질의 위험과 독성으로부터 건강과 환경을 보호하기 위해 만든 GHS(Globally Harmonized System of Classification and Labelling of Chemicals, 화학 물질 분류 표시 국제 조화 시스템) 표시입니다.

GHS는 화학 물질의 유해성을 분류하고, 분류된 화학 물질의 특징을 그림 문자로 표시한 세계 공통의 픽토그램입니다. GHS 그림 문자는 각각의 위험을 알기 쉽도록 표현한 것으로, 일종의 안전 신호입니다. 무엇보다 언어의 장벽을 뛰어넘어 누구나 해당 물질의 위험성을 알아볼 수 있게 만들었습니다.

그전에는 나라마다 화학 물질에 대한 위험 표시가 달라서 문제가 생길 때가 많았어요. 세계화 시대에 접어들면서 활발한 무역 교류로 제품들이 전 세계를 넘나듭니다. 그런데 나라마다 표시가 다르니 이해가 어려워 취급 부주의 등으로 사고가 일어났어요. 이를 예방하고자 화학 물질 안전 및 유의 표시를 그림 문자로 통일하기로 했습니다. 언어의 장벽을 넘어 누구나 쉽게 세계 어디에서든 위험을 알 수 있게 한 것입니다.

GHS 그림 문자는 화학 물질의 위험성을 쉽게 알 수 있도록 상징적인 그림으로 표현했습니다. 마름모 형태의 빨간 테두리

폭발성 물질, 폭발을 나타내며, 폭발 위험이 있는 화학 물질에 사용됩니다.

인화성, 불꽃 모양으로, 불에 잘 타는 물질을 나타냅니다.

급성 독성, 해골과 뼈 그림으로, 독성이 있는 물질을 나타냅니다.

건강 위험, 사람의 흉부에 별 모양이 그려진 그림으로, 장기적인 건강 위험이 있는 물질을 나타냅니다.

수생 환경 유해성, 말라서 죽은 나무와 물고기 그림으로, 환경에 해로운 물질을 나타냅니다.

산화성, 원 위에 불꽃이 그려진 모양으로, 산화제로 작용하는 물질을 나타냅니다.

고압가스, 가스통 모양으로, 고압가스를 나타냅니다.

부식성, 손과 금속이 부식되는 모습을 그려, 부식성 물질을 나타냅니다.

경고, 느낌표 모양으로, 건강에 해로운 물질을 나타냅니다.

안에 흰색 바탕과 검은색 그림으로 구성되어 있습니다. 총 아홉 가지인 그림 문자는 특정한 위험을 나타내며, 이를 통해 화학 물질을 안전하게 다룰 수 있도록 도와줍니다.

생활 속에서 우리는 화학 물질과 자주 마주합니다. 집에서 사용하는 락스를 비롯해 살균제 등의 용기에는, 해골과 뼈 그림이 그려져 있습니다. 이 그림 문자는 '독성'을 나타내며, 피부나 눈에 닿으면 위험하다는 점을 경고합니다. 화학 물질 운반 차량 등에서도 GHS 그림 문자를 볼 수 있습니다. 이 중에서 불꽃 모양의 그림은 '인화성'을 나타냅니다. 불에 잘 타기 때문에 주의가 필요하다는 의미입니다. 생활 속에서 이런 표시를 보면 조심할 필요가 있습니다.

독일을 비롯한 유럽의 주유소에서는 GHS 그림 문자를 사람들 눈에 잘 보이는 곳에 붙여 둡니다. 이를 통해 주유소를 이용하는 사람과 주유소에서 일하는 노동자에게 주의할 점을 안내합니다. 예를 들어, 주유소에서 다루는 휘발유에는 벤젠이라는 발암성 물질이 있습니다. 그래서 가급적 영유아를 데려오지 말고, 주유 중에는 창문을 닫을 것을 권합니다. 이런 경고 안내와 함께 피부를 자극한다거나, 화재 위험이 있다거나, 폐에 안 좋다거나 하는 내용들을 GHS 그림 문자를 통해 알리고 있습

독일의 주유소 기둥에 붙어 있는 GHS 그림 문자.

니다. 생활 현장 곳곳에서 마주하는 픽토그램을 통해 사람들과 환경 안전을 함께 생각해 보면 좋겠습니다.

2.

재난에 대비한 주거 시설은 왜 필요한가요?

학교 교문 근처 담벼락 등을 살피다 보면 신기한 안내 표시와 마주하곤 합니다. 도대체 어떤 표시일까요?

지진 옥외 대피 장소 표시.

우선 초록색은 '안전'을 뜻한다고 했지요. 그래서 비상구 안내도 초록색으로 표시되어 있습니다. '지진 옥외 대피 장소' 픽토그램도 마찬가지로 지진 발생 시 안전하게 대피할 곳을 알려 줍니다. 이와 함께 사용되는 또 다른 표시가 있습니다. 바로 지진을 비롯해 각종 재난이 일어났을 때 사용되는 '임시 주거 시설' 안내 픽토그램입니다. 자연재해로 건물이 부서지거나 위험해졌을 때 안전하게 머물 수 있는 곳을 표시한 것입니다. 그런데 왜 많은 경우 학교 운동장이 지진 옥외 대피 장소로 지정된 것일까요?

지진이 발생하면 건물 벽이 무너질 수도 있고, 유리창이 깨지면서 파편이 튀거나 간판이 떨어질 수도 있습니다. 학교 운동장은 넓고 탁 트여 있는 공간입니다. 도심에는 전봇대나 가로등, 간판처럼 지진으로 인해 쓰러질 위험이 있는 구조물이 많지만, 운동장에는 그런 시설물이 거의 없습니다. 지진이 발생했을 때 피해를 최소화할 수 있는 안전한 장소가 되는 거예요.

또한, 운동장은 많은 사람이 한곳에 모일 수 있는 장소입니다. 지진이 발생하면 혼자 있기보다는 함께 있는 것이 더 안전할 수 있어요. 대피한 사람들을 쉽게 파악할 수 있어야 구조대가 응급조치 등으로 신속하게 대응할 수 있어요. 비상 상황에서는 헬리콥터가 도착해 환자를 이송할 수도 있습니다. 학교 운동장은 한눈에 많은 사람을 확인할 수 있는 장소이기 때문에, 질서를 유지하고 체계적으로 도움을 받을 수 있습니다. 학교 운동

장은 이런 장점들로 인해 지진 옥외 대피 장소로 지정되어 있답
니다.

'지진 옥외 대피 장소'는 학교 운동장 외에도 공설 운동장,
공원 등 구조물 파손이나 낙하로부터 안전한 외부 장소를 포함
하여 전국에 5000여 곳이 지정되어 있습니다. 이들은 지진 발
생 초기 지역 주민들의 일시 대피 장소로도 활용됩니다.

'지진 실내 구호소'는 주거지가 파손된 이재민 등을 대상으
로 집단 구호를 시행하는 시설로 내진 설계가 적용된 학교 강당
이나 체육관, 마을 회관, 경로당 등 1500여 곳이 있습니다. 지진
이 발생하면 지역 주민들은 거주지와 가까운 '지진 옥외 대피소'
로 피해야 해요. 대피 상황이 오래가면 지자체 공무원들의 안내
에 따라 '지진 실내 구호소'로 이동해 도움을 받을 수 있답니다.

3.
무더위와 한파를 피하려면 어디로 가야 하나요?

시옷 모양의 지붕 아래 회전하는 프로펠러가 그려진 이 표시는 무엇일까요? 시옷은 집을 뜻하고 그 아래는 선풍기나 에어컨 가동을 뜻합니다. 바로 한여름 무더위를 피할 수 있는 무더위 쉼터를 표시한 픽토그램이에요.

무더위 쉼터를 표시한 픽토그램.

더위 정도는 참고 지내도 되지 않나 하고 생각할 수도 있어요. 하지만 여름철 강렬한 햇볕과 폭염은 대단히 위험한 상황으로 이어질 수 있습니다. 실제로 1995년 미국 시카고에서는 폭염으로 739명이 목숨을 잃는 끔찍한 참사가 일어났어요. 그런데 이는 자연재해보다는 사회적 참사에 가까웠어요. 폭염으로 인한 사망자 대부분이 노인, 빈곤층 등 사회적으로 고립되어 홀로 지내는 사람이었어요. 정부가 좀 더 신경 썼다면 충분히 그 피해를 막을 수 있었다는 뜻입니다. 폭염은 사회적으로 보호받지 못한 사람들에게 더욱 가혹하고 끔찍한 재난이에요.

우리나라 역시 폭염에서 자유롭지 못합니다. 이미 적지 않은 분들이 폭염으로 목숨을 잃었어요. 이상 기후 때문에 앞으로 폭염은 더 많이 발생할 가능성이 큽니다. 어린이나 노인 같은 노약자와 야외에서 일하는 사람들이 가장 위험합니다. 이들은 폭염으로 큰 피해를 입거나 생명마저 위험할 수 있습니다. 이에 우리나라에서는 주민센터, 공공 도서관을 비롯해 지하철 역

구로구 경로당에 부착된 무더위 쉼터 안내 표지판.

사, 은행 등 사람이 많이 찾는 곳에 무더위 쉼터를 운영하고 있습니다.

이곳에서는 에어컨이 가동되어 시원한 환경에서 쉬며 체온을 조절할 수 있고, 무료로 물을 마시면서 탈수를 예방할 수도 있답니다. 폭염이 왔을 때 건강을 지키기 위해서는 무더위 쉼터를 적극적으로 이용하는 것이 좋습니다. 이 쉼터는 누구나 쉽게 찾을 수 있도록 픽토그램이 표시돼 있어요. 초록색이 사용된 이유는 바로 안전과 휴식을 의미하기 때문이에요. 마치 푸른 숲속의 나무 그늘처럼 무더위 쉼터도 더위를 피하고 쉴 수 있는 공간이라는 뜻입니다.

여름에 무더운 폭염이 있다면, 겨울에는 매서운 한파가 있어요. 갑자기 추워지면 손과 발이 얼어붙을 것처럼 시리고, 체온이 떨어집니다. 장시간 이런 추위에 노출되면 저체온증이 발생할 수도 있어요. 특히 노약자나 노숙인처럼 추위에 약한 사람들에게 위험합니다. 그래서 강추위로부터 몸을 보호하는 '한파 쉼터'가 운영되고 있어요. 무더위 쉼터와 마찬가지로 주민센터, 복지관, 도서관, 지하철 역사 같은 공공시설에 마련되어 있습니다. 난방이 잘되어 있어 실내에서 몸을 따뜻하게 녹일 수 있어요.

강북구 삼각산동
주민센터에 부착된
한파 쉼터 안내 표지판.

또한, 한파로 이동이 어려운 경우에는 따뜻한 음료나 담요 등이 제공되기도 해요. 한파 쉼터는 쉽게 찾을 수 있도록 초록색 바탕에 온기가 퍼지는 집 모양의 픽토그램으로 표시돼 있어요. 한파 쉼터 역시 안전한 공간이라는 것을 한눈에 알아볼 수 있도록 초록색으로 디자인되어 있습니다. 이는 추위를 피해 머물 수 있는 공간이라는 것을 알리는 역할을 해요. 날씨가 너무 추운 상황에서 밖에서 오래 머무른 사람이라면, 가까운 한파 쉼터로 이동해 따뜻한 환경에서 체온을 유지하는 것이 중요해요.

4.
일터의 안전과 노동자의 건강은 어떻게 지키나요?

81, 57, 73, 66, 62, 75, 61, 63, 68, 51, 68, 73….

이 숫자는 무엇일까요? 놀랍게도 2021년 5월부터 2022년 4월까지 매달 일하다가 목숨을 잃은 노동자들의 숫자입니다. 너무나 안타깝고 끔찍한 일입니다. 매년 4월 28일은 세계 산업 재해 사망 노동자 추모의 날입니다. 일터에서 목숨을 잃은 분들을 추모하고 다시는 같은 일이 되풀이되지 않길 바라며 만들었습니다.

하지만 산업 재해는 끊이지 않고 발생하고 있습니다. 우리는 뉴스를 통해 전국 곳곳의 일터 현장에서 벌어지는 안타까운 사고 소식과 마주할 수 있습니다. 이와 같은 사고는 제대로 된 안전 조치와 표시가 이뤄지지 않았기 때문입니다. 최근에는 열악한 현장에서 일하는 이주 노동자가 많아지면서 다치고 목숨을 잃는 산업 재해가 더욱 심각한 상황입니다.

이에 노동 현장에서 안전을 위한 픽토그램이 만들어지고 보급되고 있습니다. 특히 우리 사회의 주요 일원으로 함께하지만 보호받지 못하는 이주 노동자들이 많아지면서 언어 장벽 없이 안전 예방을 할 수 있는 픽토그램의 역할이 중요해졌습니다. 한국어에 익숙하지 않은 이주 노동자들은 산업 재해를 당할 위험이 더욱 큽니다. 이에 이주 노동자들도 직관적으로 안전을 살필 수 있는 픽토그램이 나왔습니다.

'안전보건 픽토그램'은 작업자들에게 특정 위험 요소를 명확하게 전달하여 안전사고를 예방하는 데 큰 역할을 합니다. '끼임 주의' 표시는 기계나 장비에 손 등 신체 일부가 끼일 위험이 있는 곳에 부착합니다. 이 표시는 작업자들에게 해당 구역에서 특별한 주의를 기울여야 함을 알려 끼임 사고를 예방합니다. 마찬가지로, '절단 주의' 표시는 날카로운 도구나 기계로 인해 절단 사고가 발생할 수 있는 장소에 사용되며, 작업자들에게 각별한 주의를 안내합니다. 추락 위험이 있는 장소에는 '떨어짐 주의' 표시를 달고 전기 작업이 이뤄지는 구역에는 '감전 주의' 표시를 합니다. 이주 노동자뿐만 아니라 함께 일하는 국내 노동자들에게도 아주 중요한 안전 안내입니다.

그런데 픽토그램만으로 안전을 보장할 수 없습니다. 기업과 정부에서 적극적으로 안전 예방 조치를 취해야 합니다. 실제로 유럽 등에서는 일하는 사람의 안전을 위해 기계 작동 시 이상이 생기면 즉각 사용이 중지되는 조치를 합니다. 하지만 우리나라는 그러지 않는 곳이 많아요. 기계를 한번 멈추면 다시 작동하기가 곤란하다는 이유로 계속 사용하다가 사고가 생깁니다. 일터 현장이 좀 더 안전해져서 노동자들이 건강하게 일할 수 있는 사회가 되면 좋겠습니다.

5.

엘리베이터마다 고유한 식별 번호가 있다고요?

'엘리베이터(승강기)' 하면 무엇이 떠오르나요? 오늘날 우리나라뿐만 아니라 전 세계적으로 즐비한 고층 건물들은 엘리베이터가 없었다면 지어지지 못했습니다. 100층이 넘는 사무실을 계단으로 올라야 한다고 생각해 보세요. 아파트도 마찬가지입니다. 엘리베이터가 고장 나면 무척 불편해요. 높은 층에서 사는 사람들은 한참을 걸어 올라가야 합니다. 다행히 엘리베이터가 발명되면서 사람들의 고층 건물 생활이 가능해졌어요. 생활 양식과 삶터 모습이 많이 달라졌습니다.

생활 속에서 엘리베이터를 이용할 때 대부분은 층수 버튼이나 표시등만 바라봅니다. 그런데 자세히 보면 여러 표시를 발견할 수 있어요. 엘리베이터는 편리하지만 잘못하면 사고가 날 수도 있는 시설입니다. 바로 이와 같은 점을 엘리베이터에 부착된 픽토그램이 경고하고 있는 거예요.

엘리베이터에는 다양한 픽토그램이 있습니다. 사실 이들은 안전과 관련해서 매우 중요한 정보입니다. 그중 '기대면 추락 위

엘리베이터에 표시된 안전 표시.

험'을 강조한 마크는 왜 붙인 것일까요? 엘리베이터 문은 충격에 약합니다. 그래서 행여 엘리베이터에 기댔다가 아래로 떨어질 수도 있기에 이런 표시를 했습니다. 기계 오작동 등으로 엘리베이터 문이 갑자기 열리는 사고가 발생할 수도 있어요.

'손 대지 마시오'라는 표시도 있습니다. 문이 닫힐 때 손이 빈틈에 끼이지 않도록 주의하라는 안내입니다. 장난을 치다가 저도 모르게 손이 끼어 다칠 수 있기에 항상 조심해야 합니다.

우리 생명과 직결되는 표시도 있습니다. 바로 '화재나 지진 발생 시 엘리베이터를 이용하지 말고 계단을 이용하라'라는 표시입니다. 화재나 지진이 발생하면 엘리베이터가 갑자기 멈출 수 있고, 내부에 갇혀 생명이 위험해질 수도 있기 때문입니다. 이처럼 엘리베이터에 부착한 픽토그램에는 중요한 안전 정보가 담겨 있으므로, 평소에도 주의 깊게 살펴보면 좋겠습니다.

엘리베이터에는 장애인을 위한 점자 표시도 마련되어 있습니다. 층수 버튼 주위에 점자가 있어 시각 장애인도 층을 구분할 수 있도록 도와줍니다. 비상 호출 표시도 눈여겨보세요. 엘리베이터 안에서 갇히거나 위급한 상황이 발생하면 이 버튼을 눌러서 구조 요청을 할 수 있습니다.

한편 엘리베이터마다 고유 식별 번호가 있어요. 위험 상황에서 엘리베이터 고유 번호를 알리면 구조자가 엘리베이터 위치를 바로 파악할 수 있습니다. 비상 상황 시 정확한 위치 파악과 신속한 대응을 위한 조치입니다. 이러한 번호는 엘리베이터 내부는 물론 외부에도 표시되어 있어, 승객이나 구조대원이 위치를 쉽게 확인할 수 있습니다. 모두 엘리베이터의 안전 관리와 비상 대응을 위한 것입니다.

더 자세한 내용은 행정안전부 국가 승강기 정보 센터를 통해 확인할 수 있어요. 여기에 방문하여 엘리베이터 번호를 입력

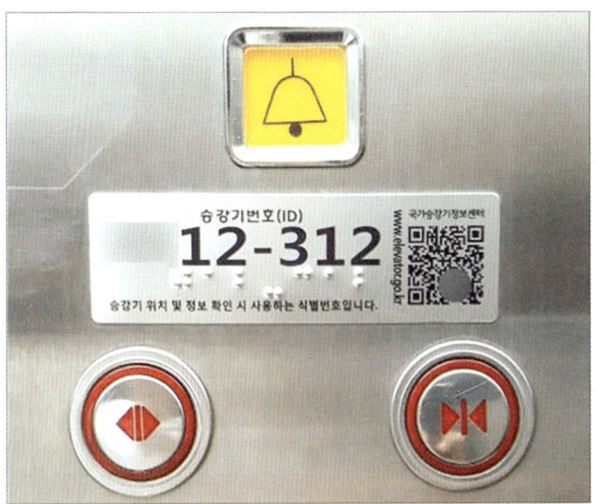

엘리베이터 안의 고유 번호 표시.

하면 해당 엘리베이터의 위치, 점검 이력 등의 정보를 알 수 있습니다. 이처럼 엘리베이터 안팎에 있는 표시를 주의 깊게 살펴본다면 생활 속 안전을 지켜 갈 수 있을 거예요.

6.
에스컬레이터에서 주의할 점은 무엇인가요?

에스컬레이터는 우리 생활을 편리하게 해 줍니다. 일반인은 물론 계단 오르기가 불편한 사람들도 사용할 수 있습니다. 하지만 에스컬레이터를 잘못 이용해서 다치는 경우가 제법 있습니다. 사고를 막기 위해 지하철역이나 건물 에스컬레이터에 설치된 픽토그램을 보면 어떤 점을 유의하면 좋을지 잘 알 수 있습니다. 한순간의 부주의로 사고가 나는 것을 막기 위해 만들었기 때문입니다. 다음은 지하철역 등에서 흔히 마주하는 안내

에스컬레이터 안전 표시.

표시입니다.

1. 손잡이를 꼭 잡으세요

픽토그램에서 손잡이를 꼭 잡은 사람을 본 적이 있을 거예요. 손잡이를 잡지 않으면 넘어지거나 미끄러질 수도 있습니다. 갑자기 에스컬레이터가 멈추거나 했을 때 손잡이를 잘 잡고 있어야 안전하게 이용할 수 있습니다.

2. 어린이나 노약자는 보호자와 함께 이용하세요

어린이와 노약자는 혼자서 에스컬레이터를 이용하기 어려울 수도 있어요. 자칫 균형을 잡지 못해서 다치기도 해요. 보호자가 함께해서 이런 일을 예방해야 합니다.

3. 안전선 안에 서 주세요

안전선 밖에 서 있으면 균형을 잃을 수 있습니다. 고무 재질의 신발을 신으면 승강기 틈으로 신발이 끼어서 사고가 날 수도 있어요. 이런 일을 막으려면 안전선을 지켜야 합니다.

4. 걷거나 뛰지 마세요

에스컬레이터 내에서 뛰거나 걷는 행동은 위험합니다. 서두르다가 다른 사람과 부딪히거나 미끄러져서 다칠 수도 있으니 조심해야 합니다.

에스컬레이터 이용 시 사고를 예방하려면 픽토그램이 알려

광주광역시 송정역 에스컬레이터의 픽토그램.

주는 안전 수칙을 잘 지켜야 합니다. 작은 실천이 사고를 막고 안전을 지킵니다. 이를 위해 특별한 픽토그램을 활용한 사례가 있습니다. 바로 광주광역시 송정역 승강장입니다. 이곳에서는 승강기 계단에 그려진 흥미로운 픽토그램을 만날 수 있어요. 이를 통해 사람들이 자연스럽게 손잡이를 잘 잡게끔 안내하고 있습니다.

7.
비상 사다리와 수문 경고 표시는 무슨 뜻인가요?

서울 청계천에는 비상 사다리 픽토그램이 있습니다. 과연 어떤 표시일까요? 청계천은 평상시에는 사람들이 산책하거나 쉼터로 이용하는 장소입니다. 하지만 물이 흐르는 곳이기에 갑작스러운 폭우 등으로 빗물이 늘어나면 위험해질 수 있습니다. 그래서 사람들이 대피할 수 있도록 비상 사다리가 설치되어 있

청계천의 비상 사다리(왼쪽)와
비상 사다리 픽토그램(오른쪽).

어요.

청계천에는 비상 상황에 대비한 사다리 안내 픽토그램과 함께 '수문 열림 시 위험' 표시가 있습니다. 수문은 문을 여닫으면서 물의 흐름을 조절하는 시설입니다. 갑자기 비가 많이 와서 수문을 열면 청계천으로 물이 쏟아져 내릴 수 있어요. 시민들에게 이를 알리는 표시입니다. 청계천뿐만 아니라 다른 하천 산책로에서 쉽게 마주할 수 있어요.

청계천 산책로와 다리 밑에만 54개 지점에 약 249개의 수문

'수문 열림 시 위험' 표시.

이 설치되어 있습니다. 수문은 자동으로 작동해요. 평균 15분 동안 3밀리 이상의 비가 오면 자동으로 열리는 구조로 만들어졌습니다. 그래서 비가 많이 내리는 장마철이면 청계천 상황실은 늘 비상 체제가 됩니다. 갑자기 폭우가 쏟아지면 몇 분 만에도 수문이 열리는 경우가 있어요. 미처 이에 대비하지 못하고 사람들이 고립되는 상황들이 발생할 수 있습니다. 청계천 같은 하천 주변 산책로를 이용할 때는 이런 점을 기억하여 안전을 지켰으면 좋겠습니다.

8.

왜 어린이 손이 닿지 않는 곳에 보관해야 하나요?

큰 사람이 작은 사람의 머리 위로 무언가를 들어 올린 그림입니다. 여러분은 이런 표시를 보면서 어떤 생각이 드나요? 농구를 하는 것 같기도 하고 함께 노는 것 같기도 합니다. 그런데 이 픽토그램은 어린이 손이 닿지 않는 곳에 물건을 보관하라는 안내 표시입니다.

이런 표시는 매우 중요합니다. 어린이들에게 위험한 물건이 많기 때문이에요. 약품이나 표백제 같은 가정용 화학 제품이나 단추형 건전지가 그렇습니다. 어린이들이 실수로 여기에 노출되거나 삼켰다가 다치거나 목숨을 잃는 사고가 적지 않아요.

성인들이 먹는 혈압약, 당뇨병 약 등을 비타민인 줄 알고 잘못 먹었다가 응급실을 찾는 사례도 있다고 합니다. 이런 위험을 예방하고자, '어린이 손이 닿지 않는 곳에 보관하세요'라는 표지가 등장했습니다. 이는 어린이들의 안전과 생명을 지키기 위한 중요한 경고입니다.

어린이 안전사고를 예방하려면 어른들의 노력이 필요합니다. 위험한 제품은 어린이의 손이 닿을 수 있는 곳을 피해 주세요. 부엌이라면 싱크대 같은 곳보다는 높은 위치에 있는 수납장에 보관하는 식입니다. 특히 살충제처럼 위험한 화학 제품을 집 안에 둘 때는 특별히 주의해야 합니다.

유럽처럼 어린이 보호 포장을 확대할 필요가 있습니다. 유럽 연합 등 주요 선진국에서는 화학 물질을 인체 유해성에 따라 분류합니다. 그중 급성 독성, 피부 부식성 등이 있는 성분을 일정량 이상 포함한 소비자 제품은 품목 및 내용물의 형태와 상관없이 어린이 보호 포장을 의무화하고 있습니다.

의약품도 관리해야 합니다. 어린이는 쉽게 열 수 없는 안전 뚜껑을 통해 노출을 제한하는 것도 하나의 방법입니다. 이를 위해서는 정부 당국과 함께 제조사의 노력도 필요합니다. 제품에 표기된 주의 픽토그램은 작아서 잘 안 보입니다. 그러니 주의 표시와 함께 실질적인 대비책을 마련하는 노력이 필요합니다.

3

평화를 만들어 가요

1.
독일 신호등이 유명해진 이유는 무엇인가요?

길을 건널 때 신호등을 자세히 본 적이 있나요? 우리는 보통 횡단보도에서 신호등 색깔만 확인하고 지나치곤 합니다. 하지만 독일에서는 조금 특별한 신호등을 볼 수 있습니다. 바로 '암펠만(Ampelmann)'입니다.

암펠만은 독일어로 신호등을 뜻하는 '암펠'과 사람을 뜻하는 '만'이 합쳐진 이름이에요. 작은 모자를 쓴 통통한 사람 모양의 신호등 캐릭터입니다. 초록불이 켜지면 그는 팔을 앞으로 뻗고 힘차게 걷는 모습을 하고, 빨간불일 때는 두 팔을 양옆으로 벌려 멈추라는 신호를 보냅니다. 다른 나라의 신호등 사람보다 크고 선명해서 멀리서도 쉽게 알아볼 수 있습니다.

암펠만은 1960년대 동독에서 처음 만들어졌습니다. 당시 동독 정부는 보행자의 안전을 확실하게 보장하기 위한 신호등 디자인을 연구했습니다. 특히 어린이들이 쉽게 알아볼 수 있도록 눈에 띄는 귀여운 캐릭터를 만들었고, 이렇게 탄생한 것이 바로 암펠만입니다. 통통한 몸집과 둥근 모자는 친근한 인상을

암펠만 신호등.

주었고, 캐릭터 특성상 멀리서도 확실히 잘 보였습니다.

이 암펠만 신호등은 동독 전역에서 빠르게 확산되었고, 큰 인기를 끌었습니다. 특히 어린이들에게 사랑받아 교통안전 교육에도 활용되었습니다. 암펠만 덕분에 아이들은 신호등을 더 친숙하게 받아들이고, 안전사고도 예방할 수 있었습니다.

1990년, 독일이 통일되면서 암펠만은 사라질 뻔했습니다. 동독의 많은 것들이 서독 방식으로 바뀌었습니다. 경제·사회적으로 서독이 앞섰기 때문에, 서독의 정책과 생활 방식이 표준이 되었어요. 신호등도 예외는 아니었습니다. 통일 후 동독의 신호등을 모두 서독 방식으로 통일하려 했습니다.

이 소식을 들은 동독 사람들은 크게 반발했습니다. 그들에게 이는 단순히 신호등 하나가 바뀌는 문제가 아니었어요. 통일 이후 동독 사람들은 소외감을 느꼈습니다. 직장을 잃거나 경제적으로 어려움을 겪는 사람들이 많이 생기고, 익숙한 제도나 시설이 사라지는 상황에서 암펠만은 단순한 신호등이 아니라, 동독 사람들의 자존심과도 같은 존재였습니다.

암펠만을 지키려는 움직임은 동독뿐만 아니라 서독에서도 지지를 받았습니다. 결국, 암펠만은 사라지지 않았고 오히려 더 많은 지역에 설치되면서 독일 통합의 상징이 되었습니다. 지금은 베를린뿐만 아니라 독일 여러 도시에서 암펠만 신호등을 볼 수 있습니다. 오늘날 암펠만은 독일의 인기 있는 문화 아이콘이 되었습니다. 암펠만을 활용한 기념품과 상품들이 많아졌고, 관광객들도 암펠만을 독일의 상징적인 존재로 인식하게 되었습니다.

보행자의 안전을 위해 만들어진 캐릭터가 이제는 독일의 역사와 문화를 보여 주는 픽토그램이 되었습니다. 우리나라도 통일하게 되면 독일처럼 남북이 함께 지혜를 모아 풀어 갈 것들이 있을 거예요. 무엇이 있을지 함께 생각해 보았으면 좋겠습니다.

2.
적십자 표시는 왜 스위스 국기와 비슷한가요?

스위스 국기와 생명 보호를 상징하는 적십자 표시는 바탕색과 십자 표시 색깔이 다르지만 비슷해요. 둘이 비슷한 데는 이유가 있습니다.

1859년 스위스 사람 앙리 뒤낭은 이탈리아의 솔페리노에서 벌어진 전쟁을 목격하면서 큰 충격을 받았습니다. 수많은 병사가 다치고도 제대로 치료받지 못한 채 죽어가는 모습과 마주했기 때문입니다. 이에 앙리 뒤낭은 지역 주민들과 뜻을 모아 부상자들을 돌보았습니다. 또한 전쟁 중 부상자를 치료하고 돕는 단체가 필요하다는 점을 《솔페리노의 회상》이라는 책을 통해 유럽 각국에 알렸습니다. 이런 노력 덕분에 1863년 국제적십자

스위스 국기.

적십자 표시.

위원회(ICRC, International Committee of the Red Cross)가 창설되어 본격적인 활동에 들어갔습니다.

적십자 운동의 창시자 앙리 뒤낭은 조국에 경의를 표시하고자 스위스 국기를 바탕으로 한 적십자 상징을 만듭니다. 1863년 10월 제네바 회의에 이를 제안했으며 마침내 1864년 외교 회의에서 제네바 협약이 채택되면서 법적 효력을 얻게 되었습니다. 그때부터 '흰 바탕의 붉은 십자'는 보호와 중립을 나타내는 세계 공통의 상징이 돼요.

이와 비슷한 표시가 또 하나 있어요. 바로 적신월 마크입니다. 붉은 초승달 모양입니다. 우리에게는 조금 낯선 픽토그램인데요, 십자가가 특정 종교를 상징한다는 이유로 이슬람 국가에

적십자와 적신월 마크.

서 새롭게 만든 상징이에요. 적십자 마크는 아군과 적군을 구분하지 않고 다친 사람이면 누구나 치료하고 돌봐 준다는 뜻입니다. 인도주의적인 의미가 담겨 있지만, 이슬람 국가들은 이 표식에 관해 부정적 인식이 컸어요. 중세 시기 유럽 국가들이 침략했던 십자군 전쟁의 상징도 십자가 문양이었기 때문입니다. 이에 이슬람의 상징인 초승달을 형상화한 적신월 마크를 사용하게 되었습니다. 여기서 '신월'은 '초승달'을 뜻하는 한자어예요.

적십자와 적신월 두 마크는 모두 인류애와 평화의 상징이라고 할 수 있답니다. 이 마크가 있으면 부상자들이 안전하게 치료받을 수 있는 공간이라는 뜻이에요. 적십자와 적신월은 전쟁뿐만 아니라 자연재해, 감염병 대유행, 난민 지원, 긴급 의료 활동 등 다양한 상황에서 인류를 구하는 활동을 상징합니다. 적십자나 적신월 단체는 지진이나 홍수 같은 재난이 발생하면 긴급 식량과 의료 지원을 제공하고, 전쟁이나 재난으로 가족이 헤어진 경우 실종자 수색과 가족 재결합을 돕습니다. 예전 코로나19 팬데믹 상황에서는 세계 곳곳에 백신 보급과 의료 지원을 담당하며 중요한 역할을 했습니다. 이처럼 적십자와 적신월은 전쟁과 재난이 벌어지면 가장 먼저 달려와 희망을 만들어 가는 소중한 국제단체입니다.

3.

안내견과 반려견의 차이는 무엇인가요?

개가 등장하는 두 개의 픽토그램입니다. 언뜻 보면 비슷한데, 하나는 '출입 가능'이고, 다른 하나는 '출입 금지'입니다. 반려견은 출입 금지이지만, 안내견은 출입이 가능하다고 적혀 있어요.

반려견은 우리 주변에 많아서 익숙하지만, 안내견은 아직 낯설 수 있습니다. '반려견'은 가족처럼 함께 살아간다는 뜻에서 붙여진 이름이에요. 예전에는 '애완견'이라 했지만, 가지고

노는 장난감, 혹은 소유물이라는 의미가 있어서 바꾼 거예요. 실제로 많은 사람이 반려동물을 아끼고 사랑하며 살고 있으니까요. 하지만 때때로 반려동물 입장이 불가능한 곳이 있어요. 병원, 음식점 등에서 위생이나 안전 문제 등으로 출입을 금지하는 경우도 있습니다.

그런데 그 성격이 다른 안내견이 출입을 금지당할 때가 있습니다. 안내견은 시각 장애인에게 눈이나 다름없는 존재이기 때문에 함께하지 못하면 문제가 생겨요. 안내견은 반려동물이 아니라, 시각 장애인의 자유로운 이동을 돕는 도우미입니다. 그래서 법적으로 안내견은 어느 장소든 출입이 보장됩니다. 어디든지 주인과 함께 다닐 수 있어요.

하지만 여전히 많은 사람이 안내견을 잘 몰라서, 반려견과 혼동해서 출입을 막는 경우가 있습니다. 안내견은 시각 장애인의 안전한 이동을 돕고자 특별히 훈련된 동물이에요. 그래서 이들이 자유롭게 출입할 수 있도록 하자는 캠페인이 벌어집니다. 예를 들어 카페에 '안내견 환영' 픽토그램을 붙이는 거예요. 국민권익위원회와 보건복지부에서 시각 장애인의 이동권을 보장하려고 시작했습니다. 그 덕분에 요즘은 이 표시를 붙인 상점을 만날 수 있습니다.

그런데 안내견을 만났을 때 주의할 점이 있어요. 귀엽다고 함부로 만지거나 먹을 것을 주면 안 돼요. 그러면 안내견이 혼란스러워할 수 있습니다. 주인과 함께 목적지로 잘 이동할 수 있도록 조용히 배려해 주세요. 안내견은 주인의 안전을 위해 집중해야 하기 때문이에요. 안내견의 안전은 곧 시각 장애인의 안전입니다. 이 점을 기억하고, 안내견을 만났을 때는 그들의 역할을 존중하면 좋겠어요.

4.
비둘기는 해로운 동물인가요?

비둘기 하면 무엇이 떠오르나요? 비둘기는 '평화의 상징'으로 불리며 많은 사랑을 받아왔어요. '성북동 비둘기'라는 시가 나올 정도로 우리와 친숙한 존재입니다. 사람들과 비둘기는 서로 변해 가는 도시의 풍경을 함께 나누었어요. 그런데 최근 여러 지역에서 다음과 같은 안내 표시를 공원 등에 붙이며 안내하고 있답니다.

안내 표시에 그려진 픽토그램을 보면 비둘기에게 먹이를 주는 것을 금지한다는 뜻을 분명하게 알 수 있습니다. 여기에는 '비둘기가 스스로 먹이를 찾아 생태계의 당당한 일원이 될 수 있도록 도와주세요'라는 글 아래에 '비둘기(유해 조수)에게 먹이를 주지 마세요'라는 문구가 쓰여 있습니다. '유해'는 해롭다는 뜻이에요. 귀여운 비둘기가 해롭다니, 뭔가 잘못된 게 아닐까요? 사실 이 안내문에는 생각해 볼 부분이 많습니다.

비둘기가 생태계의 당당한 일원이 되도록 하자는 말은 누구나 공감할 수 있습니다. 그러나 비둘기를 유해 조수로 분류하는

데는 이견이 있을 거예요. 도대체 무엇이 해롭다는 뜻일까요? 그 판단 기준은 무엇일까요?

과거 1988년 서울 올림픽 개막식 당시 수많은 비둘기가 등장했어요. 평화의 상징으로 하늘을 나는 장면이 전 세계에 깊은 인상을 주었지요. 그랬던 비둘기가 오늘날 유해 동물이 된 데는 이유가 있어요. 개체수가 많아지면서 곳곳에 배설물을 남기는 등 부작용이 커졌기 때문입니다. 다만 그 기준이 너무 사람 중심은 아닌지 살펴볼 필요가 있어요.

인간 중심적으로만 판단해서 동물 정책을 펼치면 오히려 생태계를 훼손할 수 있습니다. 바로 중국에서 있었던 일입니다.

1950년대 중국에서는 농민들의 작물 생산을 보호하려고 참새를 해충으로 지정하고 대규모로 없앴어요. 처음에는 성과를 보는 것 같았지만 이후로 부작용이 생깁니다. 참새가 사라지면서 천적이 없어진 메뚜기 수가 걷잡을 수 없이 늘어나 논을 다 휩쓸고 지나가는 등 심각한 피해를 줘요. 인간의 일방적인 조치로 생태계의 균형이 흔들리면서 생긴 문제입니다.

비둘기도 마찬가지일 수 있습니다. 당장 문제를 일으킨다고 해서 이를 유해 조수로 지정해서 없앤다면 생태계를 훼손할 수 있습니다. 지구에 우리와 함께 사는 생명체를 인간 중심으로 평가하는 데 유의할 필요가 있습니다. 그렇다면 비둘기와 우리가 공존하려면 어떻게 해야 할까요? 생활 속 픽토그램을 통해 다채로운 생각을 열어가 보면 좋겠습니다.

고양이가 그려진 표지판은 무슨 뜻인가요?

차를 타고 도로를 지나다 보면 특별한 표시를 만날 때가 있습니다. 뛰어가는 사슴(고라니) 그림이 그려진 픽토그램이 대표적이에요. 이 지역에서 운전자는 특별히 조심해야 합니다. 야생 동물이 언제든 도로로 뛰어들어 사고가 날 수 있기 때문이에요. 실제로 해마다 도로에서 농물이 차 사고로 목숨을 잃는 '로드킬' 사례가 증가하고 있습니다. 최근에는 큰 도로뿐만 아니라 도심 내 작은 도로나 골목길 등에서도 길고양이 등이 교통사고를 당하는 일이 많습니다.

이는 우리나라만 겪는 일이 아니에요. 그래서 세계 여러 나라가 사고를 막으려고 노력하고 있어요. 우리나라는 고라니를 조심하라는 표지판이 많다면, 오스트레일리아는 코알라와 캥

오스트레일리아의 코알라와 캥거루 주의 표지판.

거루를 조심하라는 표지판이 흔합니다. 같은 나라도 지역에 따라 차이가 있는데요. 우리나라 영산강 유역에서 볼 수 있는 두꺼비 조심 픽토그램이 그렇습니다. 두꺼비는 새끼를 낳으려고 이동하는 습성이 있어요. 이때 도로를 건너다 사고로 죽는 일이 빈번하므로 이를 막고자 주의 표시를 설치한 거예요.

경기도와 서울에서는 고양이가 자주 다니는 길을 안내하고 있어요. 나라와 지역, 도로에서 자주 마주하는 동물에 따라 이들 표지판의 디자인과 메시지가 달라집니다. 구체적인 사례를 소개하면 다음과 같습니다.

경기도에서 제작한 '고양이 로드킬 주의' 표지판.

우리나라 민간 동물 보호 단체인 '좋은냥이좋은사람들(조원냥이)'에서는 길고양이 로드킬 예방에 시민들의 참여를 유도하고 있습니다. 이들은 동물 보호 사각지대를 해소하기 위해 안전 표지판을 만들고 지자체에 설치를 제안했습니다.

핀란드에서는 야생 동물과의 충돌을 줄이기 위해 도로 주변에 특수한 울타리를 설치했습니다. 이 울타리는 동물들이 도로로 들어오지 못하게 막아주며, 동시에 동물들이 도로 건너편으로 갈 수 있는 생태 통로를 제공합니다. 야생 동물이 사는 장소에 도로가 생기면 교통사고로 목숨을 잃는 동물이 많아져요. 우리에게 편리함을 주는 도로가 야생 동물에게는 무서운 장애물인 셈입니다. 생태 통로는 로드킬을 피해 안전하게 동물들이 이동할 수 있게 도와줍니다. 이는 원래 그곳에 살던 동물들과 공존하려는 사람들의 노력이기도 합니다.

우리나라에서도 최근 인공 지능과 사물 인터넷 기술을 활용해 도로에 자주 출현하는 동물을 도로 표지판에 안내하는 시스템을 개발했습니다. 이처럼 다양한 방법으로 로드킬을 예방하려는 노력이 전 세계적으로 이루어지고 있습니다. 이들이 결실을 보아 인간의 개발로 생긴 도로로 인해 동물들이 다치거나 죽지 않았으면 좋겠습니다.

6.
생산자를 보호하는 착한 무역이 있다고요?

커피와 바나나는 세계적으로 많은 사람이 즐겨 먹는 식품입니다. 손쉽게 구할 수 있고 가격도 상대적으로 저렴해요. 그런데 커피와 바나나 가격에는 비밀이 있습니다. 커피와 바나나는 많은 사람이 농장에서 고된 노동을 한 끝에 수확해서 여러 유통 경로를 거쳐 우리 식탁에 오릅니다.

하지만 정작 일하는 사람들은 가난할 수밖에 없어요. 노동의 대가가 턱없이 적기 때문입니다. 열심히 커피 열매를 키우고, 바나나를 키우는 노동에 비해 너무 적은 몫을 받고 있어요. 오히려 가공과 유통을 맡는 사람들이 큰돈을 법니다. 이런 불공정한 상황을 바꾸고, 생산자와 지구를 위한 무역을 하자는 운동이 펼쳐지고 있습니다. 바로 '공정 무역' 운동입니다.

공정 무역은 물건 만드는 사람에게 제 몫을 돌려줌으로써 그들이 열심히 일해도 가난에서 벗어나지 못하는 문제를 해결하려는 전 세계적인 운동입니다. 공정 무역은 커피나 바나나 등을 생산하는 사람들이 적정한 소득을 얻고 교육을 비롯해 문화 활동을 보장받으며 인간답게 살 수 있도록 돕습니다. 이를 널리 알리고자 공정 무역 제품에는 특별한 마크를 부착합니다.

여기에 그려진 픽토그램은 세계 시민으로서 더불어 살아가

공정 무역 인증 마크.

기와 지속 가능한 발전을 상징합니다. 이를 통해 윤리적인 제품 구매가 개발 도상국 지역 사회와 사람들의 삶을 향상시키고 있다는 점을 일깨워요. 식음료, 초콜릿, 목화와 의류 등 다양한 품목에 공정 무역 마크를 붙입니다.

세계공정무역기구(WFTO)에서는 공정 무역 활동을 검증하고 모니터링합니다. 또한 '공정 무역 10대 원칙'을 정해서 빈곤과 불평등 해결을 위한 실천을 널리 알리고 있어요. 우리 주변에도 이러한 원칙으로 만들어진 상품들이 널리 사용되면 좋겠습니다.

세계공정무역기구의 공정 무역 10대 원칙

1. 소외된 생산자를 지원한다.

2. 투명성과 책무성을 지킨다.

3. 공정한 무역 관행을 실천한다.

4. 생산자에게 공정한 가격을 지불한다.

5. 아동 노동과 강제 노동을 반대하고 금지한다.

6. 차별을 금지하고 성평등과 단결의 자유를 보장한다.

7. 올바른 노동 조건을 지킨다.

8. 생산자의 역량 강화를 위해 지원한다.

9. 공정 무역을 대중에 홍보한다.

10. 환경을 보호하고 존중한다.

7.
지구의 미래를 위해 필요한 행동은 무엇일까요?

지구촌 곳곳에는 여러 문제가 있습니다. 유엔식량농업기구에 따르면 2024년 기준 6억 7300만 명에 달하는 사람들이 굶주림으로 큰 고통을 겪고 심지어 생명에 위협을 받는답니다. 또한 지금 세대가 겪는 환경 문제와 분쟁 등은 미래 지구촌 사람들에게 큰 위협이 되는 문제예요. 이런 문제들은 혼자서 해결하기 어렵습니다. 교통과 통신의 발달로 세계가 하나의 마을처럼 지내는 상황에서는, 모두 함께 머리를 맞대야 해결할 수 있습니다.

유엔에서는 2015년 200여 개 국가들과 함께 2016년에서 2030년까지 15년 동안 다 함께 더 잘살 수 있는 지구촌을 만들 방안을 논의했습니다. 그렇게 해서 나온 것이 바로 지속 가능한 미래를 위한 실천 목표입니다.

유엔은 이를 널리 알리고자 픽토그램을 제작했습니다. 세계 사람들이 사용하는 언어가 다양하기 때문에 한눈에 알아볼 수 있도록 한 것입니다. 제시된 17개의 목표와 픽토그램은 각각 지속 가능한 발전을 목표로 지구의 안전, 평화 등을 만들어 가자

는 약속을 상징합니다.

이는 소외되는 사람 없이 모두 함께 잘살아야 한다는 원칙을 바탕으로 합니다. 여기서 '잘산다'는 것은 단순히 경제적으로 부유한 삶을 의미하지 않아요. 모두가 건강하게, 필요한 교육을 받고 안전하게, 그리고 환경과 조화를 이루며 살아가는 것입니다. 잠시 그 내용을 살펴보겠습니다.

첫 번째는 빈곤 근절입니다. 극단적인 가난 때문에 고통받는 일이 없도록 하자는 것이에요. 두 번째는 기아 문제 해결입니다. 세계에는 아직도 먹을 것이 없어 굶어 죽는 사람이 있어요. 세계가 함께 노력해서 이런 일이 없도록 하자는 것입니다. 뒤이어 보건과 교육, 성평등을 목표로 합니다. 깨끗한 물과 위생을 보장하고, 모두를 위한 지속 가능하고 깨끗한 에너지를 제공하는 등의 목표도 포함되어 있어요.

이들 목표는 몇몇 나라만의 노력으로 이룰 수 없습니다. 정부와 국제기구, 시민 단체, 개인 등 모두가 힘을 합쳐야 해요. 최근에는 기업도 많이 참여하고 있습니다. 세계적으로 유명한 기업들이 지속 가능 경영을 중요한 가치로 삼고, 환경 보호와 사회적 책임을 다하기 위해 노력하고 있어요. 탄소 배출을 줄이고, 재생 가능 에너지를 사용하며, 공정 무역을 실천하겠다고 약속합니다.

왜 그럴까요? 그러지 않고서는 더 이상 인류가 지구에서 살아가기 어렵기 때문입니다. 해마다 발생하는 기후 재난만 보아도 잘 알 수 있어요. 위기가 심각해질수록 세계 시민이 함께해야 해요. 청소년들도 충분히 동참할 수 있어요. 생활 속 작은 실천이 새로운 변화를 만듭니다.

건강한 학교 만들기 프로젝트인 '유자학교' 어린이들의 캠페인이 대표적입니다. 이들은 다양한 활동을 통해 오랫동안 사용되어 온 플라스틱 과자 포장을 종이로 바꿔 냈어요. 생활 속에서 무심코 사용했던 제품들을 눈여겨보았다가, 지구와 우리 모두를 위해 바꿔 나간 것입니다. 지구의 미래를 위해 함께 실천할 수 있는 것들을 함께 생각해 보면 좋겠습니다.

8.

국제기구 상징에는 왜 올리브 나뭇가지가 등장하나요?

국제 연합(UN)은 전 세계를 대표하는 모임입니다. 1945년 지구의 평화를 위해 만들어졌어요. 사람들은 두 차례의 세계 대전을 통해 그 참상을 깨닫습니다. 전쟁이 다시 일어난다면 인류가 더 이상 지구에서 살아갈 수 없다는 것을 알게 되었어요.

국제 연합 상징 표시.

국제 연합은 지구의 평화와 안전 유지, 국제 협력을 이루기 위해 만들어진 국제 평화 기구입니다. 국제 연합을 상징하는 표시는 올리브 나뭇가지로 만든 화환 가운데 지구가 그려진 형태입니다. 올리브나무는 평화를 상징합니다. 세계를 둘러싼 모습은 국제 평화와 안전을 지키고자 하는 유엔의 목표를 잘 보여 주고 있어요.

특히 세계 지도는 북극을 중심으로 하여 우주에서 지구를 내려다보는 듯한 모습이에요. 여기에는 인류가 지구 안에서 서로 다툴 것이 아니라 시야를 넓게 가져서 지구촌 시민으로 함께 하기를 바라는 마음이 담겨 있습니다.

국제 연합은 산하에 다양한 국제기구를 두고 있습니다. 이를 통해 세계에서 벌어지는 다양한 문제를 협력해 해결하고자 해요. 세계보건기구(WHO), 세계식량계획(WFP), 국제 아동 기구인 유니세프(UNICEF) 등이 대표적입니다.

세계보건기구 상징 표시.

세계보건기구는 전 세계 사람들의 건강 관련 연구를 하고, 코로나19 같은 감염병을 예방하고 해결하는 활동을 해요. 이곳 마크는 국제 연합과 비슷한데, 특징이 있습니다. 바로 지팡이를 휘감은 뱀의 모습이에요. 뱀과 지팡이는 그리스 신화에서 의술의 신인 아스클레피오스를 상징합니다. 인류를 질병에서 구출한다는 의미로 그려 넣은 것이랍니다. 이런 표시는 동물 병원이나 응급차 등에서도 볼 수 있어요.

세계식량계획은 '굶주리는 사람은 없어야 한다'는 구호를 내걸고 가난한 나라 사람들을 돕고 유아 사망을 방지하는 등의

세계식량계획 상징 표시.

활동을 꾸준히 펼치고 있어요. 해마다 약 1억 명에게 식량과 구호 물품을 전달한다고 해요. 이런 공로를 인정받아 2020년에는 노벨 평화상을 받기까지 했어요. 이곳 마크 역시 픽토그램으로 표시되어 있습니다. 올리브 나뭇가지 화환 가운데 식량을 상징하는 곡물을 넣어서 세계를 굶주림에서 구하겠다는 목표를 알리고 있습니다.

유니세프는 차별 없이 전 세계 어린이를 돕기 위해 만들어졌습니다. 이들을 상징하는 표시 역시 올리브 나뭇가지가 등장해요. 그 안에 지구본과 아이와 어른이 마주하고 있는 모습이 그려져 있답니다. 어린이를 돕겠다는 목적이 잘 드러난 픽토그램이에요.

유엔 본부를 포함해 유엔 산하 기구는 대부분 '파란색' 로고를 사용합니다. 그 이유는 유엔이 설립된 취지에서 찾을 수 있어요. 유엔은 폭력과 전쟁을 막고 평화를 유지하는 것이 첫 번째 목적입니다. 붉은색이 전쟁을 상징하기에 이와 대비되는 '파란색'을 사용했어요.

유니세프 상징 표시.

유니세프 상징에 등장하는 지구본은 세계를, 올리브 나뭇가지는 평화를 상징합니다. 그 안에 아기를 안고 있는 모습은 어린이를 안전하게 돌보고자 하는 유니세프의 설립 이념을 잘 보여 줍니다.

유니세프는 1946년 12월 11일 설립되었습니다. 이후 '차별 없는 구호'의 정신으로 2차 세계 대전의 폐허 속에서 고통받는 어린이를 돕기 시작했습니다. 우유 공급은 유니세프의 중요한 초기 활동 사업 중 하나였습니다. 그래서 초기 상징은 '우유 마시는 어린이'를 형상화한 픽토그램이었어요. 설립 초기부터 1950년대까지 사용되었습니다. 그러다가 1960년부터 지금의 픽토그램으로 교체되었습니다. 이를 통해 아이의 건강과 안전을 지키겠다는 설립 목적을 알리고 있어요. 이 픽토그램은 그동안 조금씩 모양이 바뀌면서 지금까지 사용되고 있습니다. 2016년에는 유니세프 설립 70주년을 맞아 '모든 어린이가 행복한 세상'이라는 문장을 새롭게 표어로 정했어요.

플라스틱 표기 마크는 무얼 의미하나요?

재활용품을 분리배출하다 보면 깜짝 놀랄 때가 있습니다. 한가득 쌓인 플라스틱 제품 때문이에요. 이렇게 많은 플라스틱을 모두 다시 쓸 수 있을까? 하는 의문이 생깁니다. 지구 환경을 위해서 분리배출은 꼭 필요합니다. 하지만 그렇게 버려진 플라스틱이 모두 재활용되지는 않습니다. 도대체 왜 그런 것일까요? 바로 다음 마크에 힌트가 있습니다.

초록색 마크는 재활용이 가능하거나, 재활용 재료로 만들어졌다는 표시입니다. 빨간색 마크는 분리배출이 불가능하다는 표시고요. 플라스틱이라고 해서 다 같은 플라스틱이 아니에요. 원료에 따라 여러 종류로 나뉩니다. 그중에는 재활용이 되는 것도 있고, 안 되는 것도 있어요. 플라스틱의 종류를 알려 주

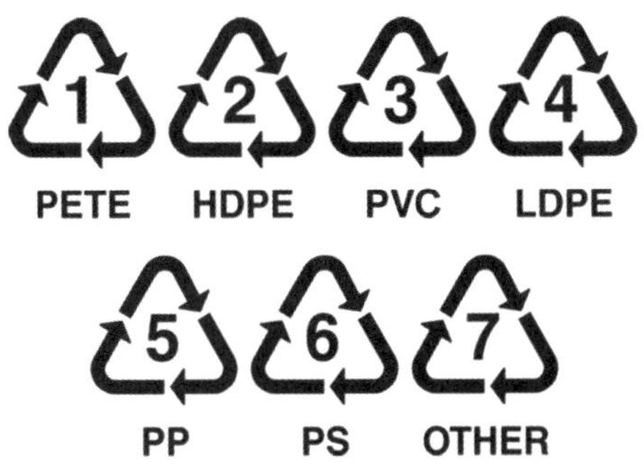

국제 표준화 기구(ISO)가 정한 플라스틱 구준 기준.

는 숫자 표시를 보면 이를 알 수 있답니다.

1번은 폴리에틸렌 테레프탈레이트(PET 또는 PETE)로 생수나 음료수를 담는 병에 사용됩니다. 흔히 '페트병'이라고 불러요. 이들은 가볍고 투명해서 재활용이 가능합니다.

2번은 고밀도 폴리에틸렌(HDPE)으로, 독성이 없고 안전해서 세제 용기나 물통, 장난감 등 다양한 생활용품에 쓰입니다.

3번은 폴리염화비닐(PVC)로, 인조 가죽 신발이나 가방, 우비 등에 사용돼요. 열에 약해서 태울 때 독성 가스와 환경 호르몬이 나와 재활용이 어렵습니다. 그래서 최근에는 어린이 제품에서 사용하지 말자는 캠페인도 많이 펼쳐지고 있습니다.

4번은 저밀도 폴리에틸렌(LDPE)으로, 비닐봉지나 필름, 포장재처럼 부드럽고 투명한 제품에 사용돼요. 이 플라스틱도 재활용이 어려우니 사용을 줄이는 것이 좋습니다.

5번은 폴리프로필렌(PP)으로, 밀폐 용기나 주방용품, 자동차 내장재, 컵 등에 사용됩니다. 열에 잘 견뎌서 고온에서도 변하지 않습니다. 보건용 마스크나 의료 장비에도 쓰이고 재활용도 가능합니다.

6번은 폴리스티렌(PS)으로, 요구르트병이나 계량컵 등에 많이 사용됩니다. 하지만 열에 약해요. 전자레인지에 넣으면 발암 물질이 나올 수 있고, 재활용이 되지 않습니다.

마지막으로 7번은 기타(Other)입니다. 이는 여러 종류의 플라스틱을 섞었거나 1~6번에 해당하지 않는 재질을 의미합니다. 즉석밥 용기나 휴대폰 케이스, 치약 튜브 등에 사용되지만, 정확한 재질을 알 수 없어서 재활용이 잘되지 않습니다. 이처럼 플라스틱의 특성을 표시하는 픽토그램은 해당 플라스틱이 어떤 종류인지, 재활용이 가능한지 등을 알려 주는 중요한 정보입니다.

그런데 재활용이 가능한 플라스틱도 오염되면 재활용할 수 없어요. 예를 들어 빨대나 일회용 수저, 비닐이 붙은 플라스틱, 음식물이 묻은 플라스틱 등입니다. 이런 경우 재활용하려면 깨끗하게 씻어서 분리배출해야 합니다.

코로나19 팬데믹 이후, 일회용품 사용이 늘면서 플라스틱 쓰레기가 더욱 많아졌습니다. 우리나라는 1인당 연간 플라스틱 폐기물 배출량이 세계에서 세 번째로 많습니다. 플라스틱 쓰레기를 잘 분리하고 재활용하는 것도 필요하지만, 무엇보다 쓰레기양 자체를 줄여야 해요. 그래야 지구 환경을 지킬 수 있습니다.

4

픽토그램과 함께 새로운 세상 꿈꾸기

1.

장애인 마크를 바꾼 이유는 무엇인가요?

픽토그램은 널리 사용되는 그림 문자로 그 안에는 사람들의 생각이 담겨 있습니다. 하지만 여기에는 알게 모르게 고정 관념이 반영되는 경우가 있어요. 오른쪽 첫 번째 픽토그램은 우리에게 친숙합니다. 딱 보면 장애인이라는 걸 알 수 있어요. 하지만 이 표시는 비판을 많이 받았어요. 도대체 왜 그런 것일까요?

ISO(국제 표준화 기구) 장애인 마크는 '국제 표준' 마크로 장애인을 상징합니다. 1968년부터 사용해 왔으며 국제적으로 가장 널리 쓰이고 있어요. 가운데는 '대한민국 표준' 마크로 2002년에 제작되었습니다. '국제 표준'과 비슷하지만 스스로 휠체어를 밀고 가는 모습입니다. 장애인을 누군가의 도움을 받아야 하는 수동적 존재가 아닌 스스로 활동할 수 있는 능동적 존재로 표현한 것입니다. 현재 우리나라에서는 국제 표준과 대한민국 표준을 함께 사용하고 있습니다.

세 번째는 미국 뉴욕시에서 새로 만든 장애인 표시입니다. 미국 디자이너 사라 헨드렌(Sara Hendren)이 디자인한 이 픽토그

ISO 장애인 마크.

KS 장애인 마크.

미국 뉴욕시 장애인 마크.

램은 기존보다 힘찬 모습이 인상적입니다. 사라 헨드렌과 뉴욕 시민들은 장애인에 대한 편견을 바꾸고자 했습니다. 혼자서는 아무 일도 못 하는 존재가 아니며 스스로 활기차게 삶을 개척해 나간다는 점을 강조하고 싶었던 거예요. 그들은 새롭게 만든 마크를 기존 마크 위에 붙이면서 캠페인을 펼쳤습니다. 그 결과 많은 사람의 공감과 지지를 받으면서 뉴욕시의 장애인 마크가

대학로 마로니에 공원에 설치된 휠체어 전용 그네.

교체되었어요.

이 사례에서 알 수 있듯이 그동안 장애인을 바라보는 시선이 많이 바뀌었습니다. '도움이 필요한 존재'에서 함께 어우러져 살아가는 이웃으로 다가선 것입니다. 이런 변화는 공원과 놀이터 등에서도 마주할 수 있습니다. 휠체어 전용 그네가 대표적 사례입니다. 장애인도 보통 사람과 똑같이 탈 수 있게 만들었어요. 그럼으로써 상상력을 발휘하면 장애인도 비장애인과 함께 얼마든지 문화생활을 누릴 수 있다는 점을 다시 한번 확인해 주었어요.

이번에는 아이 돌봄과 관련한 픽토그램을 볼까요. 그동안은 픽토그램에서 육아 관련 내용은 여성이 등장했습니다. 하지만 성평등 인식과 동등한 역할 분담에 관한 사회적 요구가 확산되면서 바뀌고 있어요. 실제로 요즘은 여성만이 아니라 남성도 아이를 돌봅니다. 픽토그램은 이를 반영하고 있어요.

그만큼 사람들의 생각과 행동이 달라졌기 때문입니다. 이처럼 생활 속에서 당연하게 생각해 왔던 것 중에 새롭게 바꿔 나갈 것이 없는지, 그러한 픽토그램은 무엇이 있는지 친구들과 함께 이야기해 보면 좋겠습니다.

2

'모두를 위한 여행'이란 무엇인가요?

여행을 준비하면서 다녀오고 싶은 장소를 검색하다가 특별한 픽토그램과 마주할 때가 있습니다. 다음 픽토그램이 대표적인 데요. 여기에는 어떤 뜻이 담겨 있을까요?

무심코 지나치기 쉬운 이들 픽토그램에는 중요한 내용이 담

단독 접근 가능.

도움 필요.

단차 있음.

겨 있습니다. 비장애인은 건물 출입구에 있는 단차에 크게 불편함을 느끼지 않습니다. 계단처럼 밟고 올라서면 그만이에요. 그러나 휠체어를 타는 사람들에게는 커다란 장벽처럼 느껴질 수 있습니다. 따라서 단차가 없어 '단독 접근 가능'하다는 표시는 장애인들에게 매우 중요한 정보를 전하는 픽토그램이에요.

장애인 화장실.

휠체어 대여 가능.

장애인 화장실 표시나 휠체어 대여, 시각 장애인, 청각 장애인 편의 서비스 알림 등도 마찬가지입니다. 장애인을 위한 편의 시설은 비장애인에게도 도움이 됩니다. 예를 들어 휠체어나 유아차로 편하게 접근할 수 있는 곳은 보행자도 접근하기 좋아요.

장애인 편의 시설 관련 픽토그램은 국공립 박물관, 미술관 등 공공시설에서 자주 만날 수 있습니다. 그런데 관련 시설이 부족한 곳도 많아요. 그래서 이를 보완하고자 사전에 관련 정보를 인터넷 홈페이지에 올려서 장애인이나 노약자에 도움을 주고 있습니다.

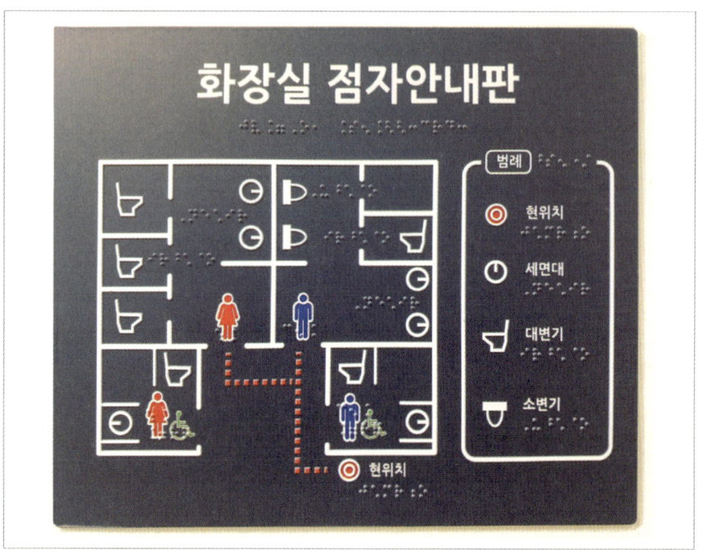

화장실 점자 안내판.

교통 약자 주차장.

　세상을 바꾸는 픽토그램 이야기

여행이나 박물관, 미술관 관람은 누구에게나 설렘과 즐거움을 선사하는 특별한 경험입니다. 하지만 신체적 제약으로 자유로운 이동이 어려운 사람들에게는 기회가 제한될 수밖에 없습니다. 이러한 문제를 해결하기 위해 등장한 개념이 바로 '무장애 여행'입니다. 무장애 여행은 장애인과 비장애인 모두가 차별 없이 여행을 즐길 환경을 만드는 것에서 시작합니다. 이는 물리적 장벽 제거뿐만 아니라, 정보 제공 및 서비스 측면에서도 평등한 기회를 제공하는 것을 목표로 합니다. 휠체어 이용자를 위한 경사로와 엘리베이터 설치, 점자 안내판, 청각 장애인을 위한 수화 통역 서비스 등이 여기에 포함됩니다.

예전보다 나아졌다고는 하지만 우리 사회는 장애인 이동권 보장에 여전히 개선해야 할 부분이 많습니다. 특히 관광지처럼 많은 사람이 이용하는 곳은 접근성이 부족해서, 여행을 꿈꾸는 많은 장애인에게 큰 장벽이 됩니다. 이를 없애려면 시설을 정비하고 무장애 여행 안내판을 설치하여 모두 함께 이용할 수 있다는 점을 널리 알려야 합니다. 그래야 장애인이든 비장애인이든 장벽 없이 여행지를 선택하고 사회 곳곳에서 함께 문화를 누릴 수 있어요.

제주 표선고등학교 학생들의 활동은 이러한 변화를 유쾌하게 만들어 낸 사례입니다. 학생들은 표선해수욕장 인근에 무장애 해수욕장을 만들었어요. 모래사장에 무장애 매트를 펼치고, 장애인이 해수욕을 할 수 있게 특별히 개발한 수중 휠체어를 제공했습니다. 이로써 장애인들도 바다에 와서 모래도 만지고 수영도 하는 특별한 시간을 맞이할 수 있었습니다. '무장애 여행'은 우리 모두의 삶의 질이 높아지는 소중한 선물과도 같습니다. 유쾌한 사회적 상상력으로 장애인과 비장애인이 함께하는 여정들이 많아지면 좋겠습니다.

3.
'모두를 위한 화장실'이란 무엇인가요?

'모두를 위한 화장실'이 있습니다. 원래 누구나 화장실을 사용할 수 있지 않나요? 그런데도 모두를 위한 화장실이라니, 무슨 뜻일까요?

일반적으로 화장실은 성별에 따라 다른 공간을 이용해요. '모두를 위한 화장실'은 이와는 조금 다른 화장실을 지향합니다. 최근 큰 호응을 얻은 '가족 화장실'도 그중 하나예요. 보호자가 아기를 데려가서 기저귀를 갈아야 할 때, 남녀로 구분되어 있으면 함께 들어가기가 어렵습니다. 이런 문제점을 해결하기 위해 새로운 화장실을 마련했습니다.

화장실은 우리 일상에서 빼놓을 수 없는 중요한 공간이지만, 때로 불편한 장소가 될 수 있어요. 앞서 이야기한 것처럼 성별이 다른 보호자와 아이가 함께 사용할 때가 그래요. 이처럼 특정한 필요를 가진 사람들에게 성별 구분은 이용에 장애가 됩니다. '모두를 위한 화장실'은 이러한 점에 착안했습니다. 이름 그대로 모든 사람이 편안하게 이용할 수 있도록 설계된 특별한

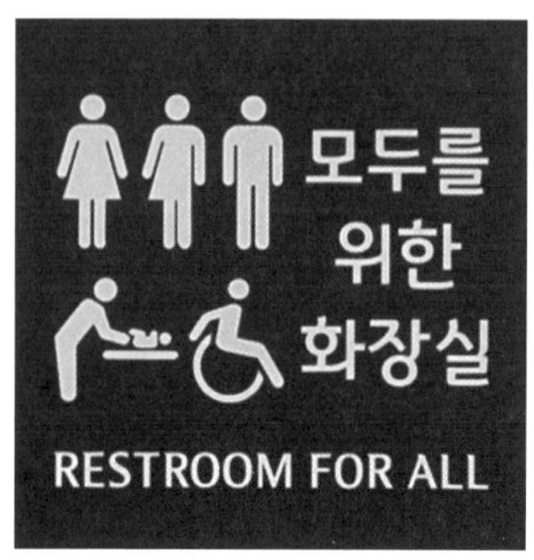

모두를 위한 화장실 표시.

공간이에요.

일반 화장실과 달리 남녀 구분 없이 누구나 사용할 수 있도록 만들었습니다. 가족 단위로 화장실을 이용할 수 있어요. 어린아이와 함께 화장실을 이용해야 하는 부모들에게 큰 도움이 됩니다. 옷을 갈아입히거나 할 때 안전하게 이용할 수 있도록 공간이 잘 갖춰져 있습니다.

모두를 위한 화장실을 알리는 표지판에는 픽토그램 다섯 개가 등장합니다. 치마를 입은 사람, 바지를 입은 사람, 치마와 바지를 절반씩 입은 사람, 휠체어를 탄 사람, 아기의 기저귀를 교환하는 사람이에요. 이로써 성별과 관계없이 누구나 이용할 수 있다는 점을 알 수 있습니다.

모두를 위한 화장실은 장애인, 보호자가 필요한 어린이 등 공중화장실 이용에 어려움을 겪는 사람들을 위해 세심하게 만들어졌습니다.

모두를 위한 화장실은 특정 사람들만을 위한 공간이 아닙니다. 다양한 사람들의 필요를 이해하고, 그들에게 편리한 환경을 제공함으로써 더 나은 사회를 만드는 데 도움을 준답니다. 이러한 노력은 서로를 배려하고, 더불어 살아가는 사회를 만드는 중요한 발걸음입니다.

달걀 껍데기에 새겨진 번호는 무슨 뜻인가요?

시장이나 마트에서 장을 볼 때 만나는 농산물 포장에는 다양한 표시가 붙어 있습니다. 장바구니에 담기 전에 유통 기한과 영양 정보를 살펴보지만, 이 표시는 무심코 지나칠 때가 많습니다. 그러나 여기에는 매우 중요한 정보들이 담겨 있어요. 우리가 더 건강하고 지구 환경을 위해 지킬 수 있도록 도와줍니다. 하나씩 살펴보겠습니다.

유기 농작물과 관련한 마크들은 농림축산식품부 인증을 받았다는 사실을 알립니다. 정부에서 운영하는 인증 제도는 건강

한 원료를 사용했는지, 위생적인 제조 환경에서 만들어진 것인지 등을 따집니다. 정부 기준을 충족하는지를 일반 소비자들이 알기 쉽게끔 표시해요.

'유기농' 마크는 합성 농약, 화학 비료 등을 사용하지 않고 토양과 환경까지 생각하는 농법으로 재배할 때 받을 수 있습니다. 유기농 인증을 받으려면 최소 3년 이상 합성 농약과 화학 비료를 사용하지 않은 땅에서 재배해야 합니다.

'무농약'은 말 그대로 화학 농약을 사용하지 않은 제품입니다. 유기농, 무농약 마크들은 단순히 우리의 건강뿐 아니라, 지구 환경에도 큰 영향을 미칩니다. 화학 농약을 사용하지 않기 때문에 토양과 물을 오염시키지 않습니다. 그럼으로써 환경을 더 깨끗하고 건강하게 유지하는 데 도움을 줍니다. '유기 농산물'은 합성 농약이나 화학 비료를 일절 쓰지 않고 키운 농산물입니다.

'유기 가공식품'은 유기농 축산물을 원재료로 만든 가공식품입니다. 원재료 가운데 유기농 농축산물이 95% 이상 되어야 하고 제조 공정과 포장, 위생 관리 등의 절차도 통과해야 인증받을 수 있어요.

최근에는 동물 복지도 강조되고 있습니다. 해마다 반복되는 조류 인플루엔자(AI)나 구제역 같은 감염병의 원인이 '공장식 축산'이라는 지적이 잇따르면서 관심이 높아졌어요.

'동물 복지' 인증은 농림축산식품부의 주요 친환경 인증 제도 중 하나로 자리매김했습니다. 농장 동물이 본래의 습성을 유지하면서 정신적, 육체적으로 충분히 건강하고 행복할 수 있도록 관리되었다는 점을 공식적으로 인증하는 거예요. 사육 공간 확보, 사료에 항생제 등 첨가 금지 등 일정 기준을 충족하면 소, 돼지, 닭을 사육하는 농장에 '동물복지 축산농장 인증마크'를 부여합니다.

달걀에도 껍질에 숫자 등을 표기해서 동물들이 건강한 환경에서 자랐는지 알리는 '난각 표시' 제도가 운용되고 있습니

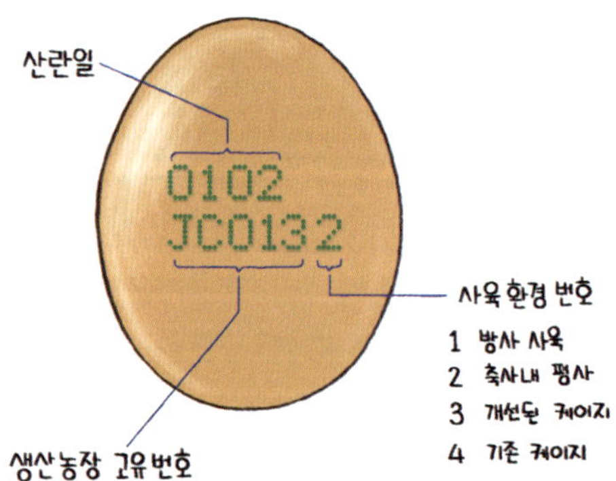

달걀에 표시된 난각 표시.

다. 닭들이 스트레스를 받지 않으면서 더 넓은 공간에서 자유롭게 움직이며 자랐음을 알리는 표시입니다. 숫자를 보면 산란 일자를 비롯해 생산 농장과 사육 환경을 알 수 있답니다.

시장이나 마트에 가서 식품을 고를 때, 포장지에 붙은 다양한 마크들을 확인하면서 우리 몸과 지구를 살리는 선택을 해 보면 어떨까요?

5.

환경을 지키는 과자 봉투가 있다고요?

과자 포장지를 자세히 본 적이 있나요? 대부분 화려한 그림과 상표 등으로 채워졌지만, 간혹 '녹색 인증'이라는 작은 표시가 있는 제품이 있습니다. 무슨 뜻일까요?

녹색 인증은 정부에서 인정한 녹색 기술을 적용해 오염 물

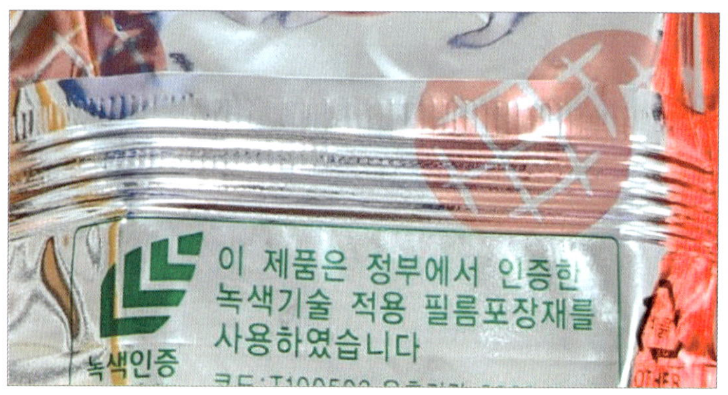

녹색 기술 적용
필름 포장재 사용을 인증한
녹색인증 마크.

질 배출을 최소화한 제품에 붙습니다. 초록색 잎 모양의 픽토그램으로 표시해요. 예를 들어 친환경 에탄올 및 그와 관련한 식품 포장재 제조 기술로, 환경 독성 물질을 대체하고 유해성을 줄인 제품에 이러한 인증 표시가 붙습니다.

그동안 식품 기업들은 환경보다는 판매를 생각해 제품 포장을 화려하게 만들어 왔습니다. 소비자 눈에 잘 띄는 게 중요했으니까요. 그러다 보니 포장재에 들어가는 잉크양도 많아졌어요. 이들 잉크의 유해성이 문제가 되기도 했습니다. 그래서 이런 문제를 해결하고자 새로운 시도가 펼쳐졌습니다.

그중 하나가 잉크 사용량을 70% 정도 줄이면서 친환경 재질로 포장을 바꾼 사례입니다. '지구의 날'을 맞이해 한 제과 회사에서는 은색 포장지에 제품명과 지구의 날 공식 마크, 바코드만 새겼습니다. 이런 친환경 포장으로 탄소 200킬로그램을 절감할 수 있었다고 해요. 30년 된 소나무 20그루가 한 달 동안 이산화탄소를 흡수하고 산소를 방출한 효과와 맞먹는 양입니다.

어린이들이 중심이 되어 펼친 활동도 인상적입니다. 강릉 연곡초등학교 학생들이 재활용이 쉬운 플라스틱병을 생산해 달라는 내용으로 편지를 써서 제조사와 환경부에 보냈거든요. 편지에는 "플라스틱병과 재질이 다른 상표 띠와 뚜껑이 재활용률을 떨어뜨린다.", "라벨에 접착제를 조금만 붙여달라.", "뚜껑과 몸체의 플라스틱 재질이 같게 해달라"는 구체적인 요구를 담겨 있었습니다. 이 편지에 음료 제조 회사는 음료 제품을 라벨 없이 생산하면서 친환경 포장으로 바꾸었습니다. 이처럼 작은 변화가 모여 큰 변화를 만들 수 있어요. 우리도 과자 봉투 속 숨은 마크를 주의 깊게 살펴보고, 환경을 지키는 좋은 선택을 해 보는 건 어떨까요?

노란 리본에 담긴 뜻은 무엇인가요?

리본 하면 무엇이 떠오르나요? 선물을 떠올리는 사람이 많을 거예요. 포장할 때 리본을 사용하니까요. 여기 조금 다른 리본이 있습니다. 바로 소중한 것을 잊지 말고 기억하자는 뜻을 담은 리본이에요. 여기에는 가슴 아픈 사연과 역사 그리고 미래에 대한 희망이 담겨 있습니다.

대표적인 것이 바로 '노란 리본'이에요. 이 리본은 역사적으로 전쟁터에 나간 군인들이 무사히 돌아오길 바라며 붙이면서 사용되었습니다. 우리나라에서는 조금 다른 뜻으로 만들어졌어요. 그 계기는 2014년 4월 16일, 제주로 향하던 세월호가 침몰하는 안타까운 사고였습니다. 당시 사람들은 큰 충격과 함께 깊은 슬픔을 느꼈어요. 간절한 바람을 담아 침몰한 배에 탑승한 사람들이 안전하게 돌아오길 바라며 노란 리본을 만들어 나누었습니다.

이 일이 있고 나서 사람들은 희생된 분들을 기리면서 노란 리본을 달기 시작했어요. 노란 리본은 안전한 사회의 중요성을 일깨우는 상징이 되었어요. 지금도 대형 사고와 이를 막지 못했던 정부의 역할과 책임을 함께 생각해 보자는 의미로 널리 쓰이고 있습니다.

이와 비슷한 표시가 있습니다. 바로 '노란 나비'입니다. 노란 나비는 일본군 '위안부' 피해자들의 인권 회복을 위해 마련되었어요. 희생자들이 훨훨 나는 나비처럼 자유와 평화를 누리기를 바라는 마음과 피해자들의 고통을 잊지 않고 새로운 미래를 만들자는 다짐을 상징합니다.

우리나라에서는 1992년부터 30여 년이 넘는 기간 동안 매주 수요 시위가 열리고 있어요. 참가자들은 '위안부' 자체를 부정하고 발뺌으로 일관하는 일본 정부에 사과와 배상 조치를 요구하고 있습니다. 세계에서 가장 오래된 시위 중 하나가 된 수요 시위에서는 노란 나비를 가슴에 달거나 조형물을 만들어 함께하는 사람들을 만날 수 있습니다. 노란색은 희망과 긍정의 의미를 담고 있어요.

최근에는 보라색 리본도 주목받고 있습니다. 여기에는 2022년 10월 29일 이태원 지역에서 일어난 참사를 잊지 않고 기억하겠다는 의미가 담겼어요. 보라색은 고귀함과 함께 애도를 상징합니다. 안타깝게 희생된 분들의 아픔을 잊지 않고 기억

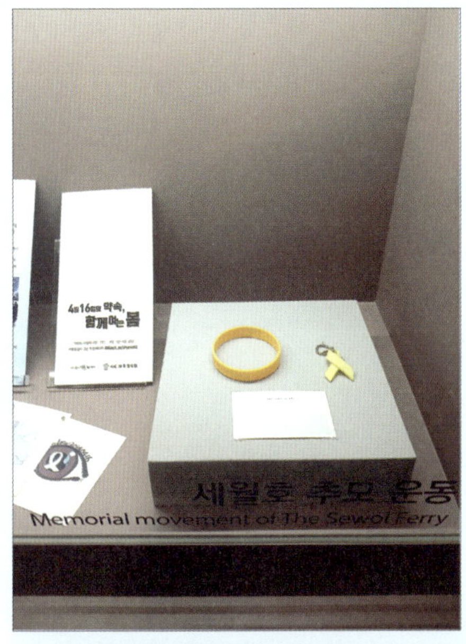

대한민국역사박물관에
전시된 세월호 참사를
추모하는 전단지와
노란 팔찌, 노란 리본.

전쟁과 여성 인권 박물관 담벼락에 붙어 있는 추모의 글이 쓰여진 노란 나비 모양의 종이들.

하기 위해서 보라색 리본을 달기 시작했습니다. 보라색 리본은 추모의 의미와 함께 안전한 사회를 만들기 위한 국가와 지방 자치 단체의 역할을 고민하게 합니다.

노란 리본, 보라색 리본, 그리고 노란 나비는 각각 다른 사건에서 시작되었지만, 공통점이 있습니다. 바로 잊지 않겠다, 기억하겠다는 마음입니다. 이 상징들은 우리가 모두 함께 아픔을 나누고, 더 나은 사회를 만들기 위해 노력해야 한다는 중요한 메시지를 담고 있어요. 기억과 추모의 의미를 떠올리면서 더 나은 세상을 만드는 데 필요한 것은 무엇인지 함께 생각해 보았으면 좋겠습니다.

이미지 출처와 페이지